Falls Sie beim Käsemachen noch keine Erfahrung haben, lesen Sie unbedingt den ganzen Anleitungsteil dieses Buches, damit Sie wirklich alles verstehen und Fehler vermeiden können.
Falls sie selbst Käse herstellen und verkaufen wollen, müssen Sie sich informieren, ob die Machart, wie sie in diesem Buch beschrieben ist, auch zugelassen ist.

Vorwort über das Käsen

Natürliches Käsen

Natürliches Käsen bedeutet, dass man nicht steril arbeitet, wie es in Käsereien der Fall ist. Hier wird Rohmilch verwendet, was in Käsereien nur bei wenigen Käsetypen zugelassen ist. Beim natürlichen Käsen werden auch keine chemischen Zusatzstoffe verwendet. Je nach Käseart kommen höchstens die Kulturen in/auf den Käse, die erforderlich sind, um den gewünschten Käsetyp zu bekommen.
Auch in der Art der Herstellung und in den Rezepten geht es natürlich und vor allem einfach zu. Denn wenn Sie als Anfänger ein „Profirezept" sehen, würden Sie eher Angst bekommen und sich sagen das schaffe ich nie, anstatt es einfach zu versuchen und einen guten Käse zu machen. Die Industrie versucht, immer den exakt selben Käsegeschmack zu bekommen. Deshalb ist es da erforderlich, mit pasteurisierter Milch zu arbeiten und jeden einzelnen Schritt zu überwachen und gegebenenfalls einzugreifen, damit der Käse immer gleich wird.
Bei der natürlichen Käseherstellung wird nur grob gemessen, ob die Werte da sind, wo sie sein müssen. Das ist allerdings nur bei sehr wenigen Käsen der Fall. Die meisten dürfen ihre natürlichen Schwankungen haben und werden trotzdem zu einem perfekten Käse. Ein natürlicher Käse schmeckt immer anders. Sie werden also nie denselben Käse bekommen. Allein der Rohstoff, die Milch, hat extreme Schwankungen, je nach Jahreszeit, Tierart, Wetter und Futter. Auch die Anzahl an Mikroorganismen schwankt stark aufgrund der klimatischen Bedingungen und Jahreszeiten. Es hat ja sein Gutes, wenn man immer einen etwas anderen Käse bekommt. Immer wieder ist es eine Überraschung. Doch er hat immer seinen

typischen Grundgeschmack, wie man ihn kennt. Natürlich Käsen bedeutet auch, dass wir kein Regelwerk haben, wie es in der Industrie der Fall ist. Wir dürfen auch Gefäße, Formen und Räumlichkeiten verwenden, die in der Industrie/Handwerk nicht zugelassen sind.

Steriles Käsen

Hier wird mit pasteurisierter Milch gearbeitet. Es müssen alle Kulturen, Pilze und Mikroorganismen künstlich zugesetzt werden. Es muss auch Kalzium in Form von Kalziumchlorid zugesetzt werden, um eine feste Gallerte erzeugen zu können. Der Käse bekommt auf diese Art fast immer denselben Geschmack, da alle Kulturen immer in derselben Stärke vorhanden sind. Hier muss aber auch steril gearbeitet werden. Jede Fremdkultur durch Verunreinigungen der Hände, Geräte, Gefäße, Räumlichkeiten oder ein Haar in der Milch kann den Käse kippen lassen. Das ganze „System" ist anfällig für äußere Umstände.

Fazit bezüglich der beiden Herstellungsverfahren:

Sie dürfen selbst die Wahl treffen, auf welche Art Sie käsen wollen, es werden in diesem Buch beide Arten beschrieben. Um Ihnen bei der Wahl zu helfen, habe ich Ihnen jeweils die Vor- und Nachteile hier aufgelistet.

Die Vorteile des natürlichen Käsens:

- Jeder Käse ist ein Unikat.
- Es müssen keine fremden Kulturen zugesetzt werden.
- Der Verlauf der Herstellung ist weniger anfällig.
- Man muss nicht steril arbeiten.
- Der Käse ist ein reines, naturbelassenes Lebensmittel.
- Es entsteht ein regionales Produkt mit eigenem Charakter.

Vorteile des sterilen Käsens:

- Jeder Käse schmeckt gleich.
- Die Reife wird nicht dem „Zufall" überlassen.
- Mehr Kontrolle über den Verlauf.
- Keine Gefahr durch unerwünschte Keime in der Milch.

Nachteile des natürlichen Käsens:

- Es können unerwünschte Keime in der Milch sein.
- Jeder Käse schmeckt anders.
- Die gewollte Reifungsart kann in eine andere abdriften.
- Weniger Kontrolle beim Reifungsprozess.
- Nur wenige Käsearten dürfen verkauft werden.

Nachteile des sterilen Käsens:

- Es entsteht ein „Kunstkäse“.
- Alle Kulturen müssen künstlich zugesetzt werden.
- Man muss steril und sehr genau arbeiten.
- Der regionale Charakter fällt zum Großteil weg.
- Es müssen Zusatzstoffe verwendet werden.

Tipp für ein besseres Gefühl und mehr Sicherheit:

Falls Sie noch keine Erfahrung im Käsemachen haben, ist es Anfangs ratsam, um Fehlproduktionen vermeiden zu können, zuerst mit Reinzuchtkulturen zu arbeiten. Auf diese Weise lernen Sie, wie die Reife kontrolliert und sicher abläuft. Wenn Sie den Ablauf des Reifeverfahrens verstanden haben, haben Sie ein besseres Gefühl um mit dem Naturverfahren umzugehen.

Dieses Buch richtet sich ausschließlich an Privatpersonen, die den Käse für den Eigenbedarf herstellen, aber nicht verkaufen.
Dieser Ratgeber wurde mit größtmöglicher Sorgfalt erstellt, dennoch kann keine Garantie für Vollständigkeit und Fehlerfreiheit der Angaben gegeben und keine Haftung übernommen werden, weder vom Autor noch vom Verlag. Setzen Sie im Umgang mit Lebensmitteln und den Empfehlungen in diesem Buch immer auch ihr persönliches Urteilsvermögen ein.
Werfen Sie im Zweifelsfall lieber einen Käse zuviel, als einen zu wenig weg.

Inhaltsverzeichnis:

Die Werkzeuge zum Käsemachen

Großer Topf aus Edelstahl oder Keramik. Er sollte ein Fassungsvermögen von 10-50 Liter haben. Je nachdem wie schwer Ihre Käse werden sollen. Je größer der Topf ist, desto besser lässt es sich arbeiten.

Rührlöffel oder Schneebesen.

Schöpfkelle mit Löchern, um den Bruch abzuschöpfen.

Küchen- und Briefwaage, zur Ermittlung des Käsegewichts und um die Salzmenge, das Lab und die Gewürze abzuwiegen.

Brenner oder Herd, um die Milch zu erwärmen.

Thermometer, es spielt dabei keine Rolle, ob digital oder mit Flüssigkeitssäule.

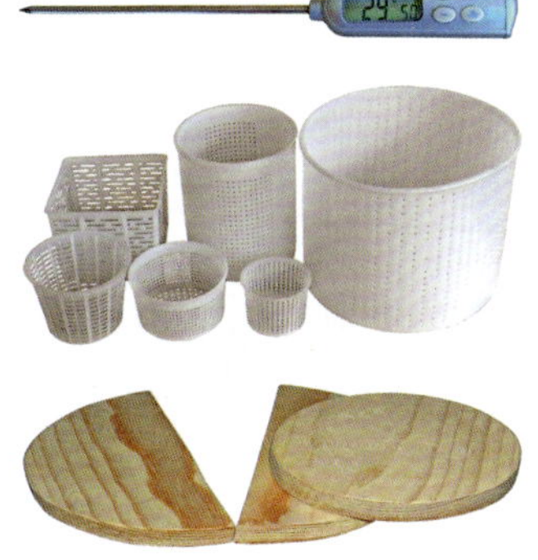

Käseformen, aus welchem Material liegt in Ihrem Ermessen, auch die Form kann frei gewählt werden.

Holz- oder Steindeckel, zum Abdecken und Beschweren der Käseformen.

Gewichte zum Beschweren der Deckel. Hier kann man Gläser mit Wasser oder Salz füllen oder auch Steine benutzen.

Bretter oder besser weitmaschige Roste aus Holz, Metall oder Kunststoff, zum Abtropfen, Trocknen und Reifen der Käse. Keinesfalls aus Eichenholz wegen den Gerbstoffen, besser aus Fichtenholz. Metallroste dürfen keinesfalls nickelhaltig sein. Die Stäbe sollten nicht zu dünn sein, damit sie nicht in den Käse einschneiden.

Sehr stabiler, engmaschiger Gitterrost, aus Holz, Metall oder Kunststoff, zum Befüllen der Formen. Keinesfalls aus Eichenholz wegen den Gerbstoffen, besser aus Fichtenholz. Metallroste dürfen keinesfalls nickelhaltig sein!

Käsepresse

Messer, Käseharfe oder Teigschaber, zur Herstellung des Bruchs.

Folie, für einen sauberen Arbeitsplatz.

Verpackungsmaterial, Käsepapier, Folie, Vakuumierbeutel.

Große Schüssel zum Salzen.

Räucherschrank, falls der Käse geräuchert werden soll.

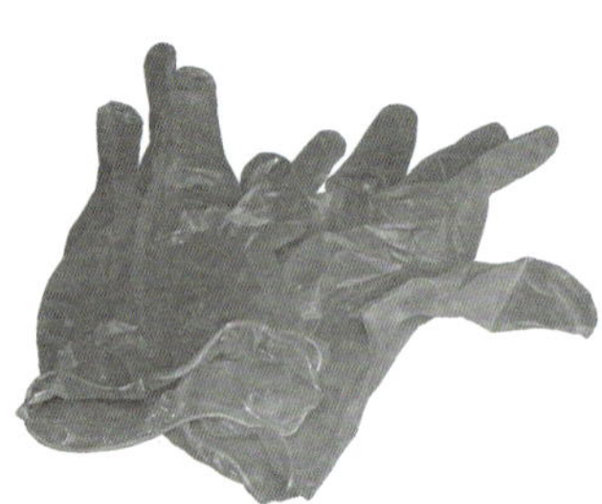

Einweghandschuhe, zum Schutz Ihrer Hände und aus hygienischen Gründen.

Schwamm, Bürsten oder Lappen, zur Pflege des Käses.

Vakuumiergerät

PH-Wertmessstreifen, zur Bestimmung des Säuregrades.

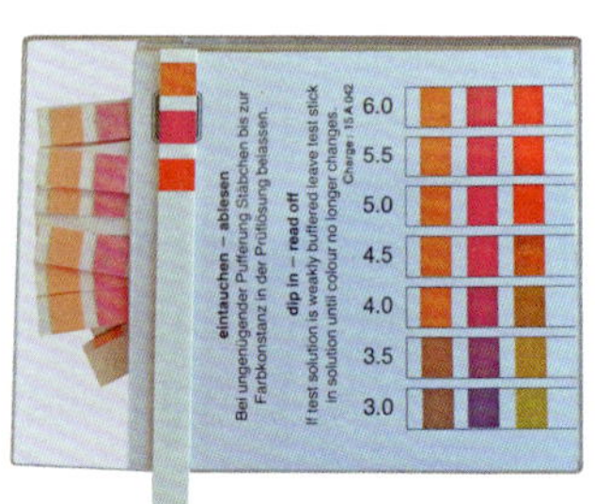

Der Rohstoff, die Milch

Hier sollten Sie sehr auf die Qualität achten, denn nur so gut wie die Milch ist, ist später auch der Käse. Die besten Ergebnisse bekommen Sie mit Rohmilch direkt vom Landwirt. Es gibt im Handel auch leicht pasteurisierte Milch, die sogenannte Pastmilch. Diese wurde nur kurz auf 68-70 °C erhitzt und sofort wieder abgekühlt, um sie haltbarer zu machen. Mit ihr kann man noch einigermaßen vernünftigen Käse herstellen, doch nicht alle Sorten gelingen damit auf natürliche Art und Weise.

Je mehr die Milch verarbeitet worden ist, umso schlechter lässt sich daraus Käse machen. Aus H-Milch kann man nur Paneer herstellen, alle anderen Käse gelingen damit nicht. Auch die Ausbeute ist damit nur sehr gering und der Geschmack lässt zu wünschen übrig.

Verwenden Sie daher am besten Rohmilch und Ihre Käse gelingen und werden auch geschmackvoll. Das liegt vor allem daran, dass in Rohmilch alle Bestandteile in ihrer Ursprungsform enthalten sind. Genauso wie die ganzen Mikroorganismen, die später den Käse von innen reifen lassen, was zu seinem typischen Geschmack, Geruch und Konsistenz führt.

Die Milch sollte immer so frisch wie möglich sein. Ist die Milch schon älter, neigt sie zur Gasbildung. Das wiederum bildet Löcher im Inneren des Käses. Die Löcher beim Emmentaler kommen auch durch Gasbildung, dort sind es Mikroorganismen die im feinsten Staub des Heus leben. Früher gelangten diese im Winter, als die Kühe damit gefüttert wurden, in die gemolkene Milch. Später bekam der Käse dadurch seine Löcher und den typischen Geruch und Geschmack, wie man ihn kennt.

Falls Sie Milch ansammeln müssen, da die erforderliche Menge nicht zur Verfügung steht, sollte die Milch nicht älter als 2 Tage sein und bei unter 10 °C gelagert worden sein. Wenn man Milch stehen lässt, wird sie immer saurer. Lässt man sie warm stehen, entsteht Dickmilch. Diese kommt der Gallerte, von der Konsistenz her schon sehr nahe, doch die Milch ist sauer. Es gibt Käsearten, bei denen eine saure Note erwünscht ist, doch bei den meisten Käsen nicht. Wenn Milch über einen längeren Zeitraum angesammelt werden muss, dann muss diese pasteurisiert werden. Pasteurisieren bedeutet die rohe Milch auf 68-70 °C, aber keinesfalls mehr zu erhitzen, da die Milch sonst für die Käseverarbeitung nicht mehr zu gebrauchen ist. Nach dem Pasteurisieren wird die Milch rasch abgekühlt und anschließend bei 2 °C gelagert.

Wenn man pasteurisierte Milch verarbeitet, ist es ratsam, dass man gesättigtes Calciumchlorid oder Chlorcalcium zugibt. Dies sind Salze, die in der Käserei verwendet werden. Richten Sie sich dabei immer nach den Angaben des Herstellers! Wenn man diese Salze nicht zugibt, dann gerinnt die Milch nicht ordentlich. Es kann unter Umständen keine feste Gallerte entstehen und die Käseausbeute ist geringer. Das liegt am Calciummangel, der durch das Erhitzen der Milch entstanden ist.

Ebenfalls muss man Milchsäurebakterien dazugeben, um die Milch anzusäuern, damit sie den erforderlichen pH Wert erreicht und nicht von unerwünschten Mikroorganismen eingenommen wird. Erst dadurch ist es möglich, aus pasteurisierter Milch Käse herzustellen. Die Zugabe der säuernden Kulturen erfolgt vor dem Käsen, indem man die Milch auf die Einlabtemperatur bringt und sie dann bebrütet. Erst dann erfolgt die Weiterverarbeitung mit Lab und Calcium.

Bei Rohmilch braucht man kein Calciumchlorid zugeben, da Calcium in der Milch vorhanden ist und ohne starke Hitzeeinwirkung funktionsfähig ist. Nur durch die Erhitzung beim Pasteurisieren wird die Funktion des Calciums „ausgeschaltet“. Je mehr Calcium in der Milch ist, umso fester wird der Käse. Aber auch bei Rohmilch macht es Sinn die Bildung von Milchsäure zu fördern, da in den ersten 12 Stunden die Säurebildung nur sehr träge abläuft. Deshalb besteht die Gefahr, dass sich unerwünschte Keime oder Organismen vermehren. Die Milchsäure ist der Schutz vor unerwünschtem Bakterienwachstum.

Besonderheiten der unterschiedlichen Milcharten

Der Fettgehalt der Milch:

Jede Tierart hat einen unterschiedlich hohen Fettgehalt.

- **Kuhmilch** hat durchschnittlich: 40 g Fett je Liter Milch.
- **Schafsmilch** hat durchschnittlich: 70 g Fett je Liter Milch.
- **Ziegenmilch** hat durchschnittlich: 36 g Fett je Liter Milch.

Der Fettgehalt wirkt sich auf das Abfließen der Molke aus. Je mehr Fett, desto weniger stark entmolkt der Bruch.

Die Eigenschaften der unterschiedlichen Milchsorten:

- **Kuhmilch:** Ergibt eher gelben Käse mit mildem Geschmack. Die Konsistenz ist geschmeidig und elastisch.
- **Schafmilch:** Ergibt eher weißen Käse mit würziger Note. Der Käse ist am fettreichsten, die Konsistenz ist eher krümelig. Die Ausbeute ist hier fast doppelt so hoch, wie beispielsweise bei Kuh- oder Ziegenmilch.
- **Ziegenmilch:** Der Käse wird nahezu reinweiß mit starker und vielseitiger Aromatik. Der Fettgehalt ist ähnlich wie der von Kuhmilch. Ziegenmilch eignet sich vor allem für Frischkäse und Chèvre, da der Eigengeschmack im schwach gereiften Zustand schon kräftiger ist.

Sie können aber auch die Milch jeder anderen Tierart verwenden, um leckeren Käse zu machen. Jede Tierart bringt ihre besondere Note und Konsistenz mit sich.

Falls die Milch beim Erwärmen komisch riecht, ist es ratsam, die Milch besser zu entsorgen, als am Ende einen minderwertigen Käse zu bekommen. Starker Geruch lässt meist auf Verunreinigungen oder schlechte Bedingungen schließen.

Hygiene in der Tierhaltung und Milchgewinnung

So mancher von Ihnen wird selber Tiere haben, um an die beste Milch zu gelangen. Hier haben Sie es selbst in der Hand, dass es Ihren Tieren gut geht und sie gesund bleiben. Und dass Sie eine Milch bekommen, die so rein wie möglich ist. In der Tierhaltung und Milchwirtschaft kann es nie hundertprozentig hygienisch rein zugehen. Der Aufwand wäre riesengroß und in der Milchwirtschaft würde Ihnen das keiner bezahlen. Wenn man bedenkt, dass die Milcherzeuger sowieso schon viel zu wenig für ihre Milch bekommen, wird einem klar, dass diese nicht noch den Aufwand erhöhen können.

Ich habe selbst oft in Milchbetriebe geschaut und kenne das Leben der Milcherzeuger und wie sie wirtschaften müssen. Sie arbeiten hart und viel für das bisschen Geld, das sie bekommen.

Wenn man für sich selbst Milch erzeugt, hat man eine andere Arbeitsweise und man rechnet seine Zeit auch nicht in Geld auf. Achten Sie deshalb darauf, dass ihre Tiere glücklich und gesund sind. Einen hellen, sauberen und großen Stall haben. Dass sie ausreichend Auslauf bekommen, wenn nicht sogar immer draußen sein können, wann immer die Tiere es sein wollen.

Fellpflege sollte eine Selbstverständlichkeit sein, damit ihre Tiere gesund bleiben und später beim Melken keine unerwünschten Keime in die Milch gelangen. Ebenso sollten die Euter vor dem Melken gereinigt werden. Die Tiere legen sich immer wieder hin und somit ist es nicht ausgeschlossen, dass sie mit unerwünschten Keimen in Kontakt kommen und diese dann in der Milch landen.

Hier sind Verunreinigungen durch folgende Keimarten möglich:

Coliforme: Durch Schmutz- und Kotverunreinigungen. Diese sind auf Unsauberkeit im Stall zurückzuführen. Es ist daher wichtig, immer wieder den Boden zu säubern. Es lässt sich nicht vermeiden, dass sich die Tiere hinlegen und somit damit in Kontakt kommen. Wird das Euter nicht gereinigt, gelangen coliforme Keime beim Melken in die Milch.

Escherichia coli: Dies sind Keime die im Darm der Tiere und auch bei den Menschen vorkommen. Wenn die Tiere in den eigenen Exkrementen liegen, gelangen diese an die Euter und von da beim Melken in die Milch. Also auch hier ist es wichtig, die Euter vor dem Melken sorgfältig zu reinigen.

Staphylokokken: Stammen aus Vereiterungen, sei es nun am Euter oder anderen Wunden der Tiere. Selbst wir Menschen haben diese im Nasen- und Rachenraum und auch in Wunden. Diese können durch Berührung, Husten oder Niesen in die Milch gelangen.

Hygiene bei der Milchverarbeitung

Wenn Sie Milch verarbeiten, müssen Sie immer bedenken, dass Milch das pure Leben darstellt. In ihr ist fast alles, was man zum Leben braucht und daher das Paradis für fast alle Lebensformen. Daher ist der richtige Umgang damit zu beachten, um später ein gesundes und leckeres Produkt zu erhalten. Es ist sehr wichtig, die Milch richtig zu lagern. Das bedeutet, wenn diese nicht direkt verarbeitet wird, unter 10 °C zu kühlen, um ein Vermehren der Bakterien und Keime einzudämmen. Alle Gerätschaften, die mit der Milch in Kontakt kommen, müssen gut gereinigt sein.

Holz ist zwar ein wunderbares Naturmaterial, hat aber auch seine Nachteile. Es bekommt leichter tiefe Kratzer und kann Feuchtigkeit aufnehmen. Feuchtigkeit ist immer die Grundvoraussetzung, damit Leben existieren kann. Holz hat zwar auch eine antibakterielle Wirkung, doch wenn Milchreste am Holz sind, nützt diese nichts. Holz muss also sehr gut gereinigt und rasch getrocknet werden.

Auch Kunststoffe können tiefe Kratzer aufweisen und darin können sich unerwünschte Lebensformen ansiedeln und vermehren.

Daher ist Edelstahl die beste Wahl für Gerätschaften. Auf Aluminium oder Buntmetalle sollten Sie verzichten, da die Säure in der Milch Bestandteile der Metalle lösen kann. Buntmetalle können auch eine Oxidation der Milch verursachen.

Händewaschen oder noch besser mit Handschuhen zu arbeiten verringert ein Eindringen unerwünschter Lebewesen in der Milch.

Hier sind Folgende zu erwähnen:

Pseudomonaden: Gelangen durch unsaubere Gerätschaften in die Milch.

Hefen: Auch sie gelangen durch unsaubere Gerätschaften in die Milch.

Schimmel: Schimmelsporen befinden sich immer in der Luft, nur eben in geringer Konzentration. Sind die Räumlichkeiten oder Gerätschaften verschimmelt, gelangen so große Mengen in die Milch, was dann zu einem Problem werden kann.

Staphylokokken: Sie stammen aus Vereiterungen. Sie kommen also in Wunden und im Nasen- und Rachenraum von uns Menschen vor. Diese gelangen dann durch Berührung, Husten oder Niesen in die Milch. Also falls Sie je Husten oder Niesen müssen immer in die entgegengesetzte Richtung der Milch. Am besten weit von der Milch entfernt. Niesen Sie in ein Taschentuch und reinigen Sie danach die Hände gründlich.

Das Lab und dessen unterschiedliche Formen

Das Lab ist der Stoff, der aus Milch Käse macht. Besser gesagt der aus Milch die Gallerte macht, die später dann geschnitten wird und den Bruch darstellt. Aus diesem Bruch wird dann später nach der Entmolkung der Käse. Es gibt zwei Arten von Lab:

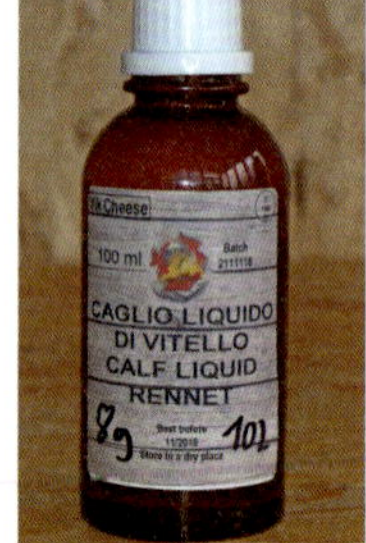

- Das Künstliche
- Das Natürliche

Das künstliche Lab wird im Labor hergestellt. Es führt zum selben Effekt wie das Natürliche, bringt aber einen anderen Geschmack als das Natürliche.
Was sich gleich wie das natürliche Lab verhält, ist das Cymosinpräparat. Es wird allerdings aus gentechnisch veränderten Mikroorganismen gewonnen. Wenn man ein Naturprodukt haben will, sollte man am besten auf die künstlichen Labarten verzichten und zum natürlichen Lab greifen.

Das natürliche Lab wird aus dem Magen junger Tiere entnommen. Es wird verdünnt und mit konservierenden Stoffen versehen und gelangt dann so in den Handel. Es ist im Fachhandel oder auch in der Apotheke erhältlich. Natürliches Lab bekommt man von der Kuh, dem Schaf und von Ziegen. Die unterschiedlichen Labe verändern den Käsegeschmack und den Geruch enorm.
Mit Kuhlab wird der Käse mild. Schaflab bringt einen intensiveren Geschmack und Duft. Und das Lab von der Ziege bringt einen sehr starken Duft und Geschmack. Es spielt dabei keine Rolle, von welchem Tier die Milch stammt. Jede Milchart kann mit jedem Lab verarbeitet werden.
Lab gibt es als Paste, flüssig, als Pulver oder in Tablettenform. Die Tabletten, das Pulver und die Paste müssen vor dem Gebrauch dosiert werden und in Flüssigkeit aufgelöst werden. Bei allen Formen und Arten des Labs ist immer der Herstellerangabe zu folgen. In den Rezepten ist immer von der „normalen Labmenge“ die Rede bzw. wird als Mengenangabe benutzt. Das ist die Menge, die der Hersteller angibt und genau diese Menge ist der Standard für die meisten Käsesorten.

Die Standard Labkonzentrationen:

- Flüssige Form: Labstärke 1/10 000 oder 1/15 000
- Pulverform: Labstärke 1/100 000
- Tablettenform: Labstärke 1/3000

Beispiel für festen und schnittfesten Käse, der die normale Menge braucht: 1/10 000 = 1 Liter Lab auf 10 000 Liter Milch.
Somit 1 g Lab pro 10 Liter Milch, das ist die normale Menge.

Sehr harte Käse bedürfen der doppelten Menge und weiche Käsesorten brauchen zum Beispiel nur ein Viertel oder nur die Hälfte der normalen Menge. Dies wird im Rezept jeweils angegeben.
Für eine leichtere Handhabung, rechnen Sie sich einmal aus, wie viel Gramm Sie je Liter Milch brauchen und schreiben Sie dies auf die Verpackung. So wird das Berechnen der erforderlichen Menge viel einfacher. Bei flüssigem Lab mache ich mir das Leben einfach und arbeite statt der oftmals vom Hersteller angegebenen Menge in „ml“ einfach mit dem Gewicht. 1 ml flüssiges Lab wiegt nahezu

exakt 1 Gramm. Somit kann ich mit einer Briefwaage einfach die Menge bestimmen. Sie werden sehen, die Labmenge ist sehr gering und kann anders kaum richtig dosiert werden. Mit einer Briefwaage, die auf 0,1 g genau wiegen kann, geht das aber sehr gut. Wenn Sie je etwas zu viel oder zu wenig nehmen, ist das nicht weiter schlimm. Sie bekommen dann einfach einen minimal anderen Käse. Denn die Menge an Lab verändert die Festigkeit der Gallerte, des Bruchs und ebenso den Geschmack. Außerdem führt sie auch zu einem anderen Verhältnis wie stark und schnell die Molke abfließen kann.
Da Käse ein Naturprodukt ist und jede Änderung auch Auswirkungen auf die Mikroorganismen und deren Verhalten hat, kommt unter Umständen ein anderer Käse dabei heraus. Das lässt sich nur durch Sterilisieren vermeiden und dann müssen wieder Kulturen zugesetzt werden.
Lagern Sie flüssiges Lab immer dunkel und am besten im Kühlschrank bei 0-7 °C, da es sonst rasch an Aktivität verliert.

Die unterschiedlichen Salze

Erst einmal vorab etwas über die unterschiedlichen Salze, damit Sie das Passende für sich wählen können.
In allen unseren Rezepten ist immer nur von Salz die Rede.
Es gibt unterschiedliche Arten von Salz. Nicht nur in Hinsicht auf den Geschmack. Sondern auch, ob es ein Natursalz ist oder industriell/chemisch verändert wurde.

Natursalze:

Ein Natursalz wird ohne Einsatz chemischer Stoffe hergestellt und nicht gebleicht. Es werden auch keine Zusatzstoffe wie Fluor, Jod, Rieselhilfen, etc. zugesetzt. Es handelt sich nur um ein Natursalz, wenn auf der Verpackung deutlich gemacht wird, dass das Salz weder raffiniert noch mit Zusatzstoffen versehen ist.
Laut den gesetzlichen Richtlinien müssen nicht alle Zusatzstoffe deklariert werden. Hersteller natürlicher Salze schreiben deswegen auf ihre Produkte, dass es eben ohne Reinigungen oder Zusätze hergestellt wurde.

Steinsalz: Wird in Bergwerken abgebaut und nur auf die gewünschte Körnung gemahlen.
Bekannte Begriffe für solche Salze sind: z.B. Himalaya-Salz, Steinsalz, Kristallsalz, Ursalz.

Meersalz: Wird durch natürliche Verdunstung des Wassers aus Meerwasser gewonnen und bei Bedarf auf die gewünschte Körnung gemahlen.

Das Besondere an Natursalzen ist: Der Geschmack und der natürliche Gehalt an Mineralien und anderen Elementen. Es hat nicht den stechend brennenden Geschmack wie herkömmliches Speisesalz und es verstärkt den Eigengeschmack der Produkte. Es schmeckt angenehm rund und mild nach Salz.

Handelsübliches Koch-Speisesalz

Es wird aus Meerwasser oder aus Bergwerken gewonnen. Egal ob es Salz aus dem Meer oder Bergwerk ist, werden chemische Zusätze beigemengt, um das Salz zu reinigen und unerwünschte Stoffe herauszunehmen (Raffinieren). Warum das Salz überhaupt raffiniert wird, liegt daran, dass ca. 97 % der gesamten Salzmenge von der Industrie verwendet wird. Aber nicht zur Lebensmittelherstellung, sondern zur Herstellung anderer Produkte.
In diesen industriellen Prozessen wird lediglich das Natrium-Chlorid (NaCl) gebraucht, alle anderen Elemente würden stören. Deswegen werden dem Salz alle anderen Minerale entzogen, so dass nur noch reines NaCl übrig bleibt.
Das Natrium-Chlorid ist das, was wir als salzig empfinden. Um das Ganze dann wieder „hochwertiger" zu machen, werden noch Stoffe wie Fluorid, Jod und Rieselhilfen zugesetzt. Der große Unterschied, liegt also in der Verarbeitung und den Inhaltsstoffen.

Es hat den typisch stechenden und brennenden Salz-Geschmack.

Kräuter, Gewürze und Blumen

Um dem Käse eine besondere Note zu geben und ihn zu würzen, kann man Kräuter, Gewürze und Blumen verwenden. Leider sind diese frisch weniger geeignet, da sie nie frei von Keimen, Schimmel oder sonstigen Mikroorganismen sind. Das wird vor allem beim sterilen Käsen ein Problem, da dort nur die Kulturen vorhanden sind, die für die Reife verantwortlich sind.

Beim natürlichen Käsen sind unterschiedliche Mikroorganismen im Käse, die die Ungewollten unterdrücken. Es kann zwar auch da etwas schief gehen, doch die Chancen für das Gelingen sind viel höher als beim sterilen Käsen. Wenn Sie trotzdem frische Kräuter verwenden wollen, sollten Sie diese vorher ein paar Minuten in Dampf blanchieren. Auch getrocknete Kräuter können Unerwünschtes auf sich tragen. Vor allem Schimmelsporen sind immer eine Gefahr. Daher sollten auch diese, vor der Verarbeitung, kurz in Dampf blanchiert werden.

Um die Zusätze in den Bruch zu bekommen, ist es am einfachsten, ⅔ des Bruchs aus der Molke zu nehmen, grob abtropfen zu lassen und dann die Zusätze in den Bruch zu kneten. Das restliche Drittel in der Molke lassen. Die Hälfte vom Bruch in der Molke (ohne Zusätze) als Boden in die Form legen und darüber den Bruch mit den Zusätzen in die Form stopfen. Zum Abschluss die zweite Hälfte des Bruchs (ohne Zusätze) aus der Molke als Deckel auf die Form geben. Es wird deswegen ein „sauberer“ Boden und Deckel gemacht, damit die Oberfläche sicher geschlossen ist. Denn Gewürze, Blumen und Kräuter können unerwünschten Schimmel verursachen. Zum einen weil sie mit Schimmelsporen kontaminiert sein können. Zum anderem, weil sie in die Oberfläche „Schlupflöcher“ machen, über die der Schimmel von außen nach innen vordringen kann. Im Inneren ist kaum Gefahr, weil der Sauerstoff fehlt, der für das Schimmelwachstum wichtig ist.

Hilfs- und Zusatzstoffe, Kulturen für die Reifung

Zusatzstoffe werden in der industriellen Käseherstellung verwendet. Einige davon müssen nicht deklariert werden, sofern sie die Höchstmenge nicht überschreiten. Sie dienen hauptsächlich der Konservierung und dem Schutz vor Schimmel. Aber auch zur Stabilisierung der Milch, damit das Käsen gut möglich ist.
Im privaten Rahmen kann man auf diese Stoffe auch verzichten. Früher wurde jeder Käse ohne diese Stoffe gemacht und war somit ein echtes und natürliches Lebensmittel.

Starterkulturen dienen dem schnellen Säuern der Milch, was sie vor unerwünschten Keimen schützt und den richtigen pH-Wert verursacht, den man zur Herstellung braucht. Je nach Käsetyp werden noch Kulturen zugesetzt die Gase bilden und dadurch die Löcher verursachen oder für die Bildung des Aromas wichtig sind.
Der Zusatz von Kulturen für die Säuerung und Reifung macht Sinn, um eine schnelle und sichere Besiedelung zu fördern. Dazu wird die Milch auf Temperatur gebracht, die Kulturen zugegeben und auf Temperatur gehalten, was sich auch bebrüten nennt.
Als Starterkulturen werden die folgenden Kulturen eingesetzt. Alle diese Kulturen bilden Milchsäure und bringen noch andere Eigenschaften beim fertigen Käse mit sich. **Welche Art Sie davon nehmen ist Ihnen überlassen, da alle zu einem anderen Geschmack und zu einer anderen Konsistenz führen. Testen Sie einfach, welche Ihnen am besten zusagen.**
Die Handhabung mit den Kulturen entnehmen Sie den Herstellerangaben. Falls vom Hersteller nichts anderes angegeben wird, verwendet man als Standardmenge 1% der Milchmenge.

Mesophile Kulturen sind Kulturen die bei niederen Temperaturen am besten arbeiten. Ihr Temperaturbereich liegt bei 18-32 °C.

Leuconostoc mesenteroides: Ideale Temperatur 18-24 °C, sie bilden Kohlendioxid (CO_2) und Ethanol. Das Kohlendioxid ist ein Gas, das Löcher in den Käse macht. Ethanol ist Alkohol, der aromabildend ist. Diese Kultur ist für Butter-, Frisch-, Schnitt- und Weichkäse.

Streptococcus cremoris und Streptococcus lactis: Ideale Temperatur 22-32 °C, ideal für Cheddar- und Cottagekäse, sowie für Frischkäse und Feta.
Lactococcus lactis: Ideale Temperatur 25-32 °C, bildet das Buttermilch-Aroma.
Streptococcus diacetylactis: Ideale Temperatur 26-32 °C, bildet Kohlendioxid und Diacetyl. Diacetyl bringt einen Geschmack und Geruch wie Butter. Diese Kultur ist für Butter-, Frisch-, Schnitt- und Weichkäse.

Thermophile Kulturen sind Kulturen die bei höheren Temperaturen arbeiten. Ihr optimaler Temperaturbereich liegt bei 37-45 °C.

Lactobacillus acidophilus: Optimale Temperatur 37 °C, bildet zusätzlich Essigsäure und ist ideal für Käse mit großen Löchern. Es müssen aber noch Kulturen zur Gasbildung zugesetzt werden.
Lactobacillus bulgaricus: Ideale Temperatur 42 °C, bildet zusätzlich Acetaldehyd. Dieses ist für das Joghurt-Aroma verantwortlich und somit ideal für Joghurtkäse.
Lactobacillus helveticus: Ideale Temperatur 40-42 °C, bildet Essigsäure und fördert die Aromabildung in Hartkäsen.
Streptococcus thermophilus: Ideale Temperatur 45 °C, bildet das Joghurt-Aroma. Wird für Hart- und Weichkäse, sowie für „Pasta Filata“ eingesetzt.

Natürliche Kulturen:

Können im Supermarkt oder in Molkereien als verzehrfertiges Produkt erworben werden. Jedoch sind die Produkte aus dem Supermarkt meist pasteurisiert. Das bedeutet, die Kulturen sind **nicht mehr aktiv.** Mir ist bislang nur bekannt, dass nur Joghurt noch aktiv ist. Daher ist es ratsam Butter-, Sauer- oder Dickmilch in der Molkerei zu kaufen, fragen Sie nach, ob sie aktiv sind!

Mesophil: Butter-, Sauer- und Dickmilch (diese ist nur dicker als Sauermilch).
Thermophil: Joghurt

Schimmel und Bakterien für die Reifung

Weißer Edelschimmel

Der heute bekannte weiße Edelschimmel wurde vom ursprünglichen Penicillium camemberti gezüchtet. Daher kommt auch der Name Camembert.
Dieser ursprüngliche Pilz wurde umgezüchtet und man bekommt heute diese zwei speziellen Arten: Penicillium candidum oder Penicillium caseicolum. Sie bilden den reinweißen Schimmelrasen und verleihen dem Käse sein champignonartiges Aroma und seinen weichen Kern.
Der natürliche, weiße Edelschimmel, wird durch Geotrichum candidum verursacht, der in der Rohmilch vorhanden ist.

Blauer Edelschimmel

Es gibt zwei Blauschimmelarten:

Den **Penicillium roqueforti** der bei den meisten Edelschimmelpilzkäsen verwendet wird. Er hat eine blaue bis grüne Farbe und wächst sehr gerne auf Käse. Er ist sehr salztolerant und wächst auch im kühlen Klima im Kühlschrank.
Er bringt den typischen, starken Schimmelkäse-Geschmack.
Hier ist vor allem der Roquefort zu erwähnen.
Der Zweite, aber weniger oft Benutzte, ist der **Penicillium glaucum**. Er wächst auch wild auf Ziegenkäse. Er wird bei diesen Käsesorten verwendet: Bleu d'Auvergne, Bleu de Gex, Gorgonzola, Rochebaron.

Rotschmiere

Das sind die Käse, mit der gelbrötlichen Farbe, welche auch gerne als „Stinkerkäse“ bezeichnet werden. Diese Reifeart geschieht von außen nach innen. Allerdings nur bei weichen Käsen. Bei den harten Käsen dient sie mehr der Oberflächenbehandlung und als Schutz vor Schimmel.
Es ist das Brevibacterium linens, welches für die Schmierebildung verantwortlich ist. Beispiele sind: Romadur, Limburger, Münster, Tilsiter, etc.
Brevibacterium linens kurz B. linens genannt, vermehrt sich nur im neutralen Bereich (pH-Wert 7). Dazu muss zuerst die Oberfläche des Käses entsäuert werden. Das geschieht durch Hefen und Geotrichum candidum, welches der weiße Edelschimmel ist. Wenn die Oberfläche neutral (entsäuert) ist, kann sich B. linens ansiedeln und vermehren.

Hygiene beim Käse machen

Bei der Herstellung von Käse ist besonders auf die Hygiene zu achten. Alle Werkzeuge, Behälter und Gerätschaften, die zum Einsatz kommen, müssen vorher und auch nach Gebrauch gründlich gereinigt werden.

Aber keinesfalls mit scharfen Reinigungsmitteln. Es reicht normales Spülmittel. Doch bitte darauf achten, dass bei der Herstellung keine Spülmittelrückstände mehr vorhanden sind. Da Käse ein Produkt ist, das von unterschiedlichen Mikroorganismen, welche in der Milch sind beeinflusst und gemacht wird, sollten diese auch am Leben bleiben. Würden die Mikroorganismen mit dem Spülmittel in Kontakt kommen, würde eine Vielzahl davon absterben.

Auch sollte das sorgfältige Händewaschen eine Selbstverständlichkeit sein. Es ist auch darauf zu achten, dass während der Herstellung keine Insekten im Raum sind.

Wenn Sie Käse machen, die mit Weißschimmel gereift werden, ist es ein Muss, nach der Herstellung des Bruchs mit lebensmittelechten Handschuhen zu arbeiten. Diese sind leichter zu reinigen als die Hände und die Fingernägel.
Und vor allem kommen die Fingernägel, unter denen sich naturbedingt so einiges an Mikroorganismen ansammelt, nicht mit dem Käse in Berührung. Denn wenn diese Mikroorganismen auf die Oberfläche des Käses gelangen, vermehren sich diese rasch und ruinieren den Weißschimmel.
Weißschimmel ist sehr empfindlich und jeder Kontakt mit anderen Schimmelkulturen, vor allem dem Penicillium roqueforti, kann das Schimmelwachstum stören oder gar unterbinden. Arbeitet man hier ohne Handschuhe, ist es fast schon garantiert, dass der Weißschimmel blau-grüne Flecken vom Penicillium roqueforti bekommt. Das ist zwar nicht schlimm, doch der Geschmack ist dann eben wie Gorgonzola und nicht mehr angenehm champignon-ähnlich. Es ist auch eine optische Frage, ob man auf dem Käse blaugrüne Pünktchen haben will.
Das Trocknen der Hände und Handschuhe <u>nie</u> mit einem normalen Handtuch durchführen! Denn darin wimmelt es von Mikroorganismen. Verwenden Sie zur Trocknung immer Einweghandtücher oder Küchenkrepp. Auf alle Fälle Uhren und Schmuck ablegen, da sich dort viele Mikroorganismen ansiedeln können. Waschen Sie die Hände lieber zu oft, als zu selten. Oder besser immer Handschuhe tragen, die einfach und schnell zu reinigen sind, da sie eine glatte Oberfläche haben.
An dieser Stelle will ich Ihnen noch veranschaulichen, warum die Hygiene sehr wichtig ist. Bakterien vermehren sich unter guten Bedingungen sehr schnell. Aus einem Bakterium werden durch Zellteilung, in nur 10 Stunden, eine Million Bakterien. Deswegen muss man sauber arbeiten und den Bakterien ein Umfeld schaffen, in dem sie sich nicht wohlfühlen und sich daher nicht bzw. kaum vermehren.

Käseformen für das Abfüllen des Bruchs

Hier gibt es zwei Arten:

- Die Traditionellen aus Naturmaterialien
- Die Modernen aus Kunststoff

Die traditionellen Formen aus Naturmaterialien

Früher, bevor es Kunststoff gab, wurden Formen aus Holz, Ton und dünnen Zweigen hergestellt. Diese Formen finden heute nur noch sehr selten Verwendung, da sie zum einen schwer zu reinigen sind und den Lebensmittelstandards von heute nicht mehr standhalten. In der heimischen Käseherstellung darf man diese aber noch benutzen. Sie geben dem Käse später einen ganz besonderen Charme im Aussehen.

Sie können jedes Gefäß verwenden, dessen Form Ihnen gefällt. Achten Sie darauf, dass die Form Löcher hat, damit die Molke abfließen kann. Ebenfalls sollte die Form so beschaffen sein, dass man den Käse später auch wieder herausbekommt. Die Form sollte auch keine zu großen Vertiefungen haben, da diese sonst beim Herausholen zu Verletzungen der Oberfäche führen würden.

Wenn Sie eine Form aus Naturmaterialien verwenden, müssen Sie diese unbedingt abkochen, um unerwünschte Mikroorganismen zu beseitigen. Würden Sie das nicht tun, könnte der Käse später verderben.

Die modernen Formen aus Kunststoff

Sie sind in unterschiedlichen Formen und Größen zu bekommen.

Sie sind einfach zu reinigen und sind auch in der Handhabung sehr praktisch. Im Fachhandel finden Sie eine riesige Auswahl. Sie werden in der Größe beschrieben, sowie im späteren Käsegewicht.

Es ist ratsam unterschiedliche Varianten im Haus zu haben, um immer die passende Größe zu habe.

Von den großen Formen reicht es im Regelfall, nur eine zu besitzen, da Sie als Privatperson eher nur kleine Mengen an Milch verarbeiten. Denn um einen richtig großen Käse, mit beispielsweise 5 kg zu machen, braucht man rund 50 Liter Kuh- oder Ziegenmilch. Bei Schafsmilch würde man immerhin noch 25 Liter brauchen. Um so viel Milch zu verarbeiten braucht man einen sehr großen Topf und der ist nicht in jedem Haushalt vorhanden.

Von den kleineren Formen ist es ratsam, mehrere zu haben, um auch immer den ganzen Bruch verarbeiten zu können.

Der Raum zur Käseherstellung

Der Käse wird bei Temperaturen von 18 bis 22 °C hergestellt. Die Raumfeuchte sollte bei 60-75 % liegen. Bei der Herstellung kann es immer wieder vorkommen, dass Molke oder Milch heruntertropft oder auch mal ein Stück vom Bruch auf dem Boden landet. Am besten wäre ein Raum, der komplett gefliest ist und einen Abfluss hat. Sie können sich aber auch mit einer Kunststofffolie unter dem Ort des Geschehens behelfen. Die Folie lässt sich einfach mit einem feuchten Lappen putzen. Wenn Sie nahe an einer Wand arbeiten, auch darauf achten, dass die Folie die Wand vor Spritzern schützt.

Der Raum sollte keinen Schimmel aufweisen. Da sind vor allem Holz und geschützte/verwinkelte Ecken zu beachten, da sich dort gerne Schimmel bildet. Durch Luftverwirbelung können dann Schimmelsporen in den Käse gelangen. Auch die Arbeitsflächen sollten mit einer neuen Folie abgedeckt oder gründlich gereinigt werden.
Keine Angst Sie müssen nicht steril arbeiten. Doch je weniger in den Käse gelangt, umso sicherer ist es, dass der Käse auch gut bleibt und sich nichts Unerwünschtes vermehrt.

Vorbehandlung der Milch

Je nach Käseart wird die Milch im Vorfeld besonders behandelt. Das heißt, es werden zum Beispiel Buttermilch, Sauermilch, Joghurt, oder andere gezüchtete Reinkulturen zugegeben. Auch die Milch bei höherer Temperatur ruhen zu lassen verändert den Säuregehalt (pH-Wert), was zu einem anderen Geschmack und zu einer anderen Konsistenz führt. Es ist immer wichtig, dass der pH-Wert der Milch rasch in den gewünschten Bereich kommt. Das ist selbst bei Rohmilch, ohne zugesetzte Kulturen nicht der Fall.
Ohne Kulturen dauert es ca. 14 Stunden länger, bis sie bei demselben pH-Wert angekommen ist, wie wenn man Kulturen zusetzt. Je schneller die Milch „sauer" wird, umso weniger Verunreinigungen durch unerwünschte Mikroorganismen. In „saurer" Milch überleben nur die Mikroorganismen, die auch erwünscht sind. Für die anderen sind die Voraussetzungen schlecht und sie können sich deshalb nicht vermehren. Sobald eine Lebensform die Überhand bekommen hat, verhindert sie das Wachstum anderer Lebensformen. Bei der Käseherstellung sind die Milchsäurebakterien die erwünschten Bakterien, welche die Milch schützen. Dazu sollte der pH-Wert wie im Rezept angegeben erreicht werden.

Es gibt zwei unterschiedliche Kulturarten:

Mesophile Kulturen, sie arbeiten am besten im Bereich von 18-37 °C. Hier kann man entweder Buttermilch, Dickmilch oder Sauermilch verwenden. Es werden pro Liter Milch 10 g Butter- oder Dick- oder Sauermilch zugegeben. Je nach Bakterienstamm bilden sie Gase, verändern das Aroma und die Konsistenz. Im Fachhandel findet man Reinzuchtkulturen, deren Eigenschaften beschrieben sind. Hier entnehmen sie den Angaben des Herstellers wie viel Sie davon in die Milch geben sollen.

Thermophile Kulturen, sie arbeiten am besten im Bereich von 30-45 °C. Hier ist Joghurt die passende Kultur. Diese Kulturen bilden auch Aromen. Hier verwendet man 20 g Joghurt für einen Liter Milch.

Im Fachhandel findet man auch Reinzuchtkulturen, deren Eigenschaften und Geschmack/Geruch beschrieben sind. Hier entnehmen sie den Angaben des Herstellers, wie viel Sie davon in die Milch geben sollen.

Der pH-Wert

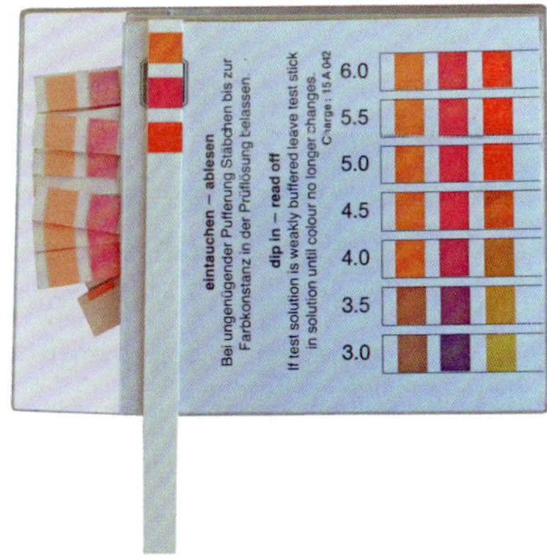

Bei der Herstellung von Käse spielt der pH-Wert die wichtigste Rolle. Er sollte, um Fehler zu vermeiden, im richtigen Bereich liegen.

Der pH-Wert besagt, ob ein Stoff sauer oder alkalisch ist. Dieser Wert kann mit Teststreifen einfach gemessen werden. Diese bekommen Sie im Fachhandel oder in der Apotheke.

Es gibt für die Messung des pH-Werts auch elektronische Geräte, welche aber für private Zwecke viel zu teuer sind.

Zur Messung wird der Teststreifen in die Milch oder die Gallerte getaucht und wieder herausgezogen. Die Teststreifen verfärben sich, je nach Säuregrad unterschiedlich. Der Wert kann anhand der Farbtabelle, die auf der Verpackung aufgedruckt ist, abgelesen werden.

Der pH-Wert reicht von 0 bis 14. 0 besagt, dass ein Stoff sauer ist und 14 bedeutet alkalisch oder auch basisch genannt. Der Wert 7 ist neutral. Da der Wert der Milch oder Gallerte immer im Bereich unter 7 ist, kaufen Sie sich Teststreifen für diesen Bereich.

Der Säuregrad bestimmt auch, welche Konsistenz der Käseteig später bekommt. Ist der pH-Wert der Milch niedrig, also sauer, wird der Teig eher cremig. Das liegt daran, dass sich das Lab dann weniger stark auf die Gerinnung auswirkt, was somit eine schwächere Entmolkung zur Folge hat.

Ist die Milch hingegen weniger sauer, also ein höherer pH-Wert, wirkt das Lab stärker und der Teig wird elastisch, wie man es vom Schnittkäse her kennt.

In den Rezepten ist in den einzelnen Verfahrensschritten immer der richtige pH-Wert angegeben, um ein perfektes Ergebnis zu bekommen. Sie können jeden Schritt genau kontrollieren. Falls der pH-Wert noch höher sein sollte, als im Rezept gefordert, warten Sie einfach noch eine Weile, bis der Wert erreicht ist. So bekommen Sie auch genau den Käsetyp wie im Rezept angegeben.

Falls Sie auf die natürliche Käseherstellung zurückgreifen und den pH-Wert nicht messen wollen, können Sie meinen Zeitangaben folgen. Diese Werte haben sich in der Praxis bewährt. Auf diese Art kann es aber zu größeren Schwankungen kommen, da die Veränderung des pH-Wertes von vielen Faktoren abhängt. Das ist einer der Gründe, warum traditionell gefertigte Käse, im Geschmack und auch bei der Konsistenz immer etwas unterschiedlich sind. Doch genau das macht ja auch den Charme eines solchen Käses aus.

Das Wichtigste in Kürze:

- Der im Rezept angegebene pH-Wert sollte möglichst exakt eingehalten werden.
- Bei einem niedrigen pH-Wert entmolkt der Käseteig schwächer und der Käse wird weich und cremig.
- Bei einem hohen pH-Wert wirkt das Lab stärker, der Käseteig wird elastisch und fester.

Bereiten der Gallerte

Begriffserklärung:

Gallerte nennt man die geronnene Milch, also das, was sich nach der Labzugabe aus der Milch bildet. Hier verbindet sich das Eiweiß und die Flüssigkeit trennt sich davon. Diese übriggebliebene Flüssigkeit nennt sich dann Molke.

Die Labmenge

In den Rezepten ist in der Regel die Angabe „normale Labmenge“. Das ist die Menge, die laut Hersteller gebraucht wird. Diese entnehmen Sie der Verpackung. Die Standard-Mengen finden Sie auf Seite 17. Bei manchen Weichkäsen, ist es nur die Hälfte oder sogar nur ein Viertel der normalen Labmenge. Besonders harte Käse brauchen die doppelte Menge. Dies wird im Rezept dann auch so angegeben. Die erforderliche Labmenge wird mit 50 g Wasser verdünnt, so kann es besser untergemischt werden. Die Labmenge ist für die Gerinnungszeit verantwortlich. Je mehr Lab verwendet wird, umso schneller gerinnt die Milch. Verwenden Sie aber immer nur so viel Lab wie im Rezept angegeben. Lab schmeckt nicht absonderlich gut und kann deshalb dem Käse einen weniger guten Geschmack geben.

Die Einlabungstemperatur

Die Einlabungstemperatur ist ebenfalls verantwortlich, wie schnell die Milch gerinnt. Bei Temperaturen unter 10 °C passiert nichts. Erst ab 20 °C sind nennenswerte Veränderungen zu sehen. Der optimale Bereich für die Gerinnung liegt zwischen 28-37 °C.

Bei über 40 °C funktioniert die Gerinnung nicht mehr. Ist der Milchsäuregehalt hoch, geht das Dicklegen/Gerinnen der Milch schneller und auch das Abfließen der Molke geschieht schneller. Deswegen wird die Milch auch vorbehandelt, um den Milchsäuregehalt zu erhöhen.

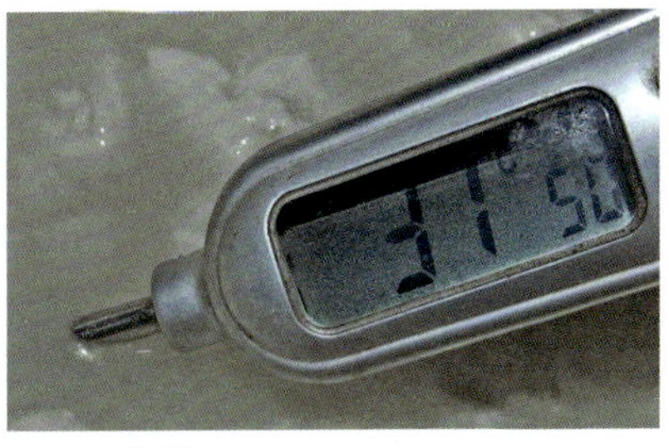

Erwärmen Sie die Milch wie im Rezept angegeben. Die Temperaturen schwanken je nach Käseart ein wenig, da jede Änderung zu einem anderen Ergebnis führt. Geben Sie das Wasser-Labgemisch in die Milch und rühren Sie gut um, damit alles gut vermischt wird.

Dann für ca. 40 Minuten, oder wie im Rezept angegeben, bei geschlossenem Deckel ruhen lassen. Die Temperatur sollte konstant bleiben, dazu am besten den Topf zusätzlich mit einem großen Tuch abdecken. Die Milch muss nun ruhen, also keinesfalls umrühren oder erschüttern. Das Lab löst einen Prozess in der Milch aus, welcher diese gerinnen lässt. Was da genau geschieht, würde den Rahmen dieses Buches sprengen und das muss man zur Käseherstellung auch nicht unbedingt wissen.
Nach der Ruhezeit sollte sich die Gallerte gebildet haben. Das ist der „Wackelpudding“ der später zu Bruch geschnitten wird. Bevor Sie ans Schneiden gehen machen Sie den **Fingertest**. Stecken Sie einen Finger in die Masse, krümmen ihn vorne und ziehen Sie den Finger langsam heraus. Die Masse sollte mit dem Finger ein Stück weit hochgehen. Auch wenn sich die Masse wie Pudding anfühlt, hat alles funktioniert. Die Festigkeit dieser Gallerte hängt vom Kalziumgehalt in der Milch ab, daher ist sie mal fester mal weicher.
Bei der Käseherstellung, wo man mit Lab und Temperaturen unter 40 °C arbeitet, um die Gallerte zu erzeugen, wird das Kasein (eine Eiweißart) in der Milch genutzt. Etwa 80 % des gesamten Eiweißbestandteils in der Milch sind Kasein. Die anderen 20 % sind Milcheiweiß, welches erst bei Temperaturen von über 70 °C gerinnt und erst dann verwendbar wird. Dieses wird beispielsweise bei der Herstellung von Ricotta genutzt.

Die Gallerte zu Bruch schneiden

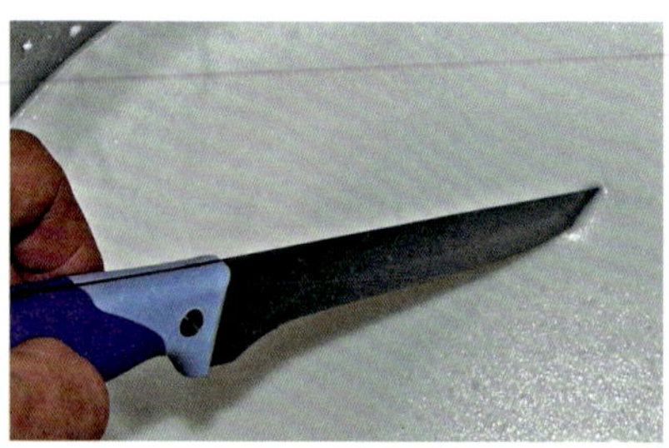

Bruch nennt man das, was nach dem Schneiden der Gallerte entsteht. Je nach Käsetyp sind es zuerst Würfel, die sich später dann zu Kugeln verformen. Aus diesem Bruch wird später durch „zusammenkleben“ eine feste Masse, die man dann Käse nennt. Bei Hartkäse ist der Bruch so klein, dass er Linsen ähnelt. Ihn macht man entweder mit einem Schneebesen oder rührt mit der Hand in der Gallerte bis man Bruchkörner von

3-7 mm Größe bekommt. Dabei ist es am besten die ganze Molke aufzuwirbeln, um die ganze Gallerte klein zu bekommen. Probieren Sie es einfach von Hand, es ist wirklich einfach und macht Spaß.
Um großen Bruch zu bekommen (1 cm bis 20 cm) die Gallerte vorsichtig mit einem Messer, Käseharfe, Teigschaber oder von Hand in Stücke teilen. Nur mit der Käseharfe kann dies präzise gemacht werden. Mit der Käseharfe geschieht dies in 3 Schritten.

1. von vorne nach hinten.

2. von links nach rechts.

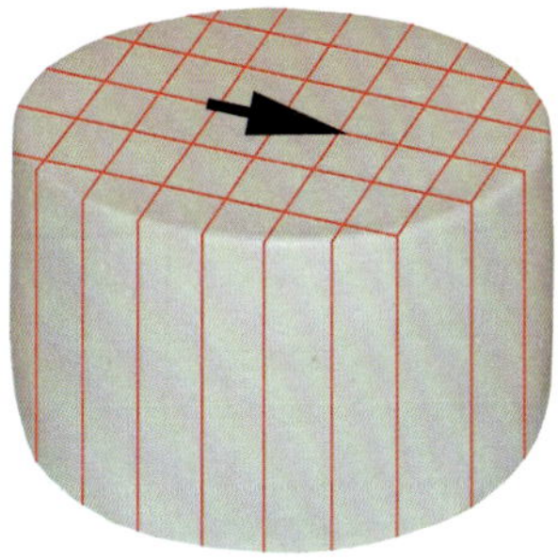

3. Wenn Sie eine zweite Käseharfe mit waagrechten Saiten haben, wird diese nun von vorne nach hinten durchgezogen. Somit erhält man schöne Würfel.

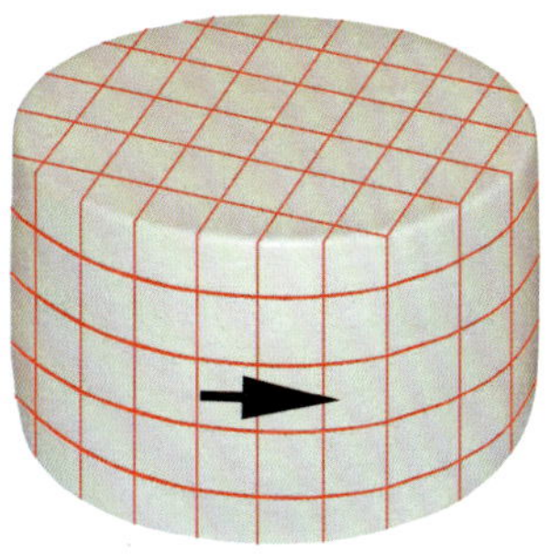

Wenn Sie keine Käseharfe haben, dann rühren Sie vorsichtig durch und schneiden Sie die größeren Stücke auf die passende Größe. Wenn alles auf die passende Größe geschnitten ist, die Bruchstücke ruhen lassen. Nach 15 Minuten erneut vorsichtig rühren und die zusammenklebenden Bruchstücke in Stücke teilen. Nach weiteren 15 Minuten noch einmal die Bruchstücke vorsichtig in Stücke teilen.

Wenn Sie keine Käseharfe haben, schneiden Sie die Gallerte zuerst von vorne nach hinten. Und dann von links nach rechts in Streifen, wie im Rezept beschrieben. Dann rühren Sie sanft durch. Es sind nun größere Stücke dabei, die Sie wieder auf die passende Größe schneiden. Dann rühren Sie wieder sanft und schneiden wieder, bis alles etwa die passende Größe hat. Das dauert ein wenig. Doch das ist auch erforderlich, da während dieses Schneideprozesses bereits entmolkt wird und der Bruch später so oder so gerührt wird, um eine gute und schnelle Entmolkung zu bekommen.

Die Größe der Bruchstücke bestimmt die Konsistenz vom fertigen Käse. Für Hartkäse wird der Bruch in sehr kleine Stücke geteilt, für Weichkäse in große Stücke. Die genaue Größe ist im Rezept angegeben. Je kleiner die Bruchstücke sind, umso mehr Molke kann abfließen und je härter und trockener wird der Käse.

Das Wichtigste in Kürze:

- Richten Sie sich bei der Labmenge nach den Herstellerangaben.
- Das benötigte Lab wird in 50 ml Wasser aufgelöst, damit es besser untermischt werden kann.
- Nur so viel vom Lab verwenden, wie unbedingt erforderlich ist, da es den Geschmack negativ beeinflusst.
- Der optimale Temperaturbereich für die Gerinnung ist 28-37 °C.
- Bei Temperaturen über 40 °C funktioniert die Gerinnung nicht.
- Die Milch auf die erforderliche Temperatur erwärmen, dann das Lab unterrühren.
- Die Milch etwa 40 Minuten mit geschlossenem Deckel ruhen lassen.

- Die Temperatur möglichst konstant halten, den Topf am besten mit einem Tuch abdecken.
- Keinesfalls mehr rühren oder erschüttern.
- Vor der Verarbeitung des Bruchs die Konsistenz mit dem Finger prüfen, sie muss so ähnlich wie Wackelpudding sein.
- Bruch in 3 Schritten auf die erforderliche Größe schneiden: 1. Von vorne nach hinten 2. Von links nach rechts 3. Wenn Sie eine waagrechte Käseharfe haben, mit dieser von vorne nach hinten schneiden, so dass Würfel entstehen.
- Ansonsten sanft rühren und große Stücke auf die passende Größe schneiden.
- Den Bruch für 15 Minuten ruhen lassen.
- Nochmal sanft rühren, um zusammenklebende Stücke wieder zu trennen.
- Weitere 15 Minuten ruhen lassen und erneut sanft rühren.

Besonderheiten bei Hartkäse:
Hier wird der Bruch besonders klein gemacht (3-10 mm). Die Größe variiert je nach Käsesorte. Die Behandlung der Bruchwürfel beim Rühren, kann hier etwas „wilder“ geschehen, da die Würfel sowieso recht klein sind und der Käse fest werden soll. Öfter rühren, da die Bruchkörner gerne zusammen kleben. Die Dauer der Entmolkung im Topf beträgt etwa 20 Minuten, nur bei festeren Sorten auch länger. Die genauen Angaben finden Sie im Rezept.
Nach dem letzten Rühren den Bruch auf dem Topfboden absitzen lassen und weitere 15 Minuten ruhen lassen. Der Bruch „klebt“ nun zusammen. Dieser entstandene Klumpen wird mit einem Messer auf die ungefähre Größe der Form zugeschnitten, damit man ihn gut in die Form einfüllen kann. Danach kann der Bruch dann in die Formen gefüllt und gestopft werden.

Besonderheiten bei Schnittkäse:
Der Bruch wird hier in der Regel auf eine Würfelgröße von 2cm geschnitten. Dann wird er zusätzlich noch ausgewaschen, um später seine elastische Konsistenz zu bekommen. Den Bruch vorsichtig behandeln, damit er seine Größe behält.

Besonderheiten bei Weichkäse:
Die Bruchwürfel immer sehr behutsam rühren, damit sie in ihrer Größe gleich bleiben. Wenn man hier zu grob rührt, werden diese kleiner und der Käse wird später fester und weniger gleichmäßig in seiner Konsistenz. Bei Weichkäse sollen die Bruchwürfel nicht zusammenklumpen. Deshalb ist es erforderlich, alle 5 Minuten zu rühren. Eine Entmolkung von 20-30 Minuten hat sich hier als eine gute Zeit erwiesen. Die Würfel sollen die Konsistenz wie das Weiße von einem 3-Minuten-Ei haben. Dann sind sie fertig zum Abfüllen. Je nach Wunsch, ob der Käse später fester oder weicher sein soll, kann hier die Zeit verändert werden.

Das Rühren

Es dient dazu, dass sich die Milch gleichmäßig erwärmt und nicht anbrennen kann. Es dient ebenso dazu, dass der Bruch nicht zusammenklebt und somit gut entmolkt. Rühren Sie mit einem Rührlöffel jedoch nicht mit einem Schneebesen. Der Schneebesen würden den Bruch zerkleinern, was meist unerwünscht ist. Rühren Sie sanft, damit der Bruch in der richtigen Größe bleibt.

Das Auswaschen

Es macht den Käse elastisch und schnittfest. Zum Auswaschen wird Molke abgelassen und anschließend wird warmes Wasser zugegeben. Dadurch wird der Milchzucker in der Molke reduziert. Das hat zur Folge, dass der Käse weniger sauer und der Teig dadurch elastischer wird.

Zum Auswaschen des Bruchs werden rund 10-20 % Wasser zugegeben, genaue Angaben stehen im Rezept. Das Waschwasser auf dieselbe Temperatur bringen wie die Molke hat. Dann genau die im Rezept angegebene Menge an Molke aus dem Topf schöpfen. Anschließend die im Rezept angegebene Menge warmes Wasser in den Topf geben und sanft untermischen. Käse die auf diese Art hergestellt werden, lässt man im Anschluss entweder in Wachs reifen, was ihnen ein mildes Aroma gibt oder sie können auch mit der Rotschmiere gereift werden, was ihnen ein würzig-pikantes Aroma gibt.

Nacherhitzen des Bruchs

Dieser Vorgang wird auch Nachkäsen genannt. Das Erhöhen der Temperatur hat zur Folge, dass die Bruchkörner mehr Molke abgeben. Das führt zu harten, trockenen, eher krümeligen Käsen. Diese Machart wird hauptsächlich bei großen Hartkäsen verwendet. Beim Erwärmen darauf achten, dass die Temperatur nicht zu schnell ansteigt, da sich sonst der Bruch außen verschließt und der Kern weich bleibt. Um es sich einfach merken zu können: 1 Minute für ein 1 °C.

Durch leichtes Rühren und Erwärmen das ganze Gemisch auf die Endtemperatur bringen. Das sollte innerhalb der Zeit geschehen, die sich aus der Anfangstemperatur und der Endtemperatur in Minuten ergibt. Beispiel: Anfangstemperatur 30 °C, Endtemperatur 45 °C somit: 45-30 = 15 Minuten.

Das erfordert etwas Übung, doch wenn es nicht perfekt passt, macht das nichts. In kleineren Mengen ist das Ganze bedeutend schwieriger als bei größeren Mengen. Hier ist ein elektronisches Thermometer, das man an der Topf machen kann und eine Uhr mit Sekundenzeiger sehr hilfreich. So hat man die Zeit und die Temperatur im Blick. Durch das ständige, leichte Rühren verteilt sich die Temperatur sehr gut und man kann, falls es erforderlich ist, die Erwärmung erhöhen oder reduzieren.

Die Zeit des Nachkäsens (Entmolkung und Säuerung im Topf) wird ab da gerechnet, wenn die Temperatur erreicht ist. Die genaue Zeit entnehmen Sie dem Rezept.

Diese Käse werden nach dem Befüllen gepresst. Man kann dies mit einer Käsepresse machen oder sich mit Gewichten behelfen. Der Käse wird mehrfach gewendet, damit die Molke gut abfließen kann.

Tipp für eine konstante Temperatur:

Auch ein Thermometer mit Außenfühler ist hier sehr praktisch. Man kann den Außenfühler in den Topf geben, so dass der Fühler aber nicht am Boden des Topfes liegt. Das Kabel am Topfrand mit einer Wäscheklammer festmachen.

Um die Temperatur aufrecht zu erhalten ist ein Wasserbad eine große Hilfe. Vor allem wenn Sie auch Cheddar machen, da dort eine Zeit quasi ohne Molke gearbeitet wird, der Bruch aber warm gehalten werden muss. Dazu brauchen Sie einen zweiten großen Topf, in dem Sie Wasser auf die erforderliche Temperatur bringen. In diesen Topf stellen sie den Topf, in dem der Bruch ist. Somit haben Sie einen großen Puffer, um eine stabile Temperatur zu gewährleisten.

Füllen der Formen

Mit einer gelochten Kelle, einem Sieb oder von Hand den Bruch in die Formen füllen. Mit je mehr Molke der Bruch in die Formen kommt, umso weniger Luftlöcher gibt es. Ein eher „trockener" Bruch ergibt mehr Löcher.

Es gibt zwei unterschiedliche Arten um den Bruch in die Formen zu bringen.

An der Luft: Der Bruch wird dabei aus der Molke herausgenommen und dann in die Formen gefüllt.

Unter Molke: Beim Abfüllen unter Molke, entstehen am wenigsten Löcher. Dazu die Form in den Topf geben und den Bruch einfüllen, so dass der Bruch ständig unter der Molke bleibt und möglichst nicht mit Luft in Berührung kommt.

Für feste und harte Käse gilt Folgendes:
Für diese Käse kann der Bruch entweder unter Molke in die Form gefüllt werden oder an der Luft. Den Bruch in der Form richtig fest drücken, damit so viel wie möglich Molke austritt. Den Bruch durch Stürzen aus der Form nehmen und von der anderen Seite wieder in die Form geben. Den Bruch erneut in die Form stopfen, um die Molke auszupressen. Die Form weiter füllen und dabei immer tüchtig die Molke in der Form ausdrücken. Wenn die Form wieder voll ist, den Bruch erneut stürzen und von der anderen Seite wieder in die Form geben. Das wird solange wiederholt, bis die Form die gewünschte Füllhöhe erreicht hat.
Falls der Bruch rissig werden sollte, die ganze Form in die warme Molke tauchen und den Bruch wieder erwärmen lassen. Dann schließt sich der Bruch wieder und ist glatt. Sie können ihn auch mit den Händen glätten, das funktioniert sehr einfach und gut. Es ist sehr wichtig, dass die Oberfläche des ganzen Käses geschlossen ist. Es darf kein Riss oder derartiges an der Oberfläche sein. Sind Risse vorhanden, kann an diesen Stellen Schimmel in den Käse gelangen und das führt zu einem unerwünschten Ergebnis.
Auch beim Wenden immer darauf achten, dass die Oberflächen geschlossen sind. Im späteren Verlauf sollte der Oberfläche nichts mehr passieren, solange Sie mit den Laiben behutsam umgehen, bis sie eine erste Kruste gebildet haben.

Für Käse mit innerer Schimmelreife gilt Folgendes: Hier wird der Bruch ausschließlich an der Luft in die Formen gefüllt. Denn der Schimmel braucht die Lufteinschlüsse und den Sauerstoff. Der Bruch wird nur sanft in die Formen gefüllt und nicht gestopft.

Für Weichkäse gilt Folgendes: Der Bruch für Weichkäse kann sowohl an der Luft, als auch unter Molke in die Formen gefüllt werden. Der Bruch wird nicht gestopft, die Formen werden nur sanft aufgefüllt. Bei Weichkäse sollte die Form doppelt so hoch sein, wie der Käse später werden soll. Das liegt daran, dass wegen des ursprünglich hohen Molkegehalts, das Volumen durch den Verlust der Molke auf die Hälfte schwindet. Von ursprünglich 20 cm bleiben dann noch 10 cm übrig.

Entmolken und Formgebung

Bei Weichkäsen geschieht die Formgebung automatisch durch das Abtropfen der Molke. Sie werden, wenn im Rezept nicht anders angegeben, nicht gepresst.

Bei Käsen, die zum Entmolken gepresst werden, gilt Folgendes:

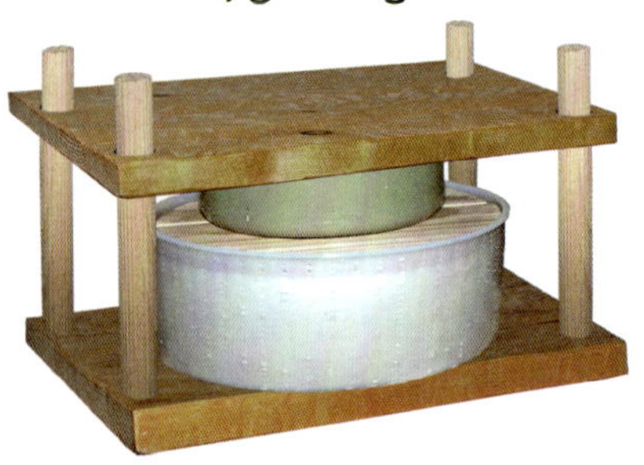

Vor allem richtig harte Käse werden zur besseren Entmolkung mit hohem Druck gepresst. Der Druck presst die Molke aus dem Käse, dieser wird dadurch sehr hart und trocken, die Lagerfähigkeit erhöht sich enorm.
Käse, die auf diese Weise hergestellt werden, können jahrelang gelagert werden. Diese Käse brauchen aber auch länger zum Reifen. Bei normalem Käse wird nur mit wenig Gewicht gepresst. Dazu kann die Molke aus der Käseherstellung verwendet werden. Da sie noch warm ist und somit das Entmolken verbessert, weil der Käse durch sie warmgehalten wird. Ist der Käse kalt, tritt nur noch sehr schwer und langsam Molke aus dem Käse aus. Darum ist es hilfreich, die Käse warm zu halten, um eine gute Entmolkung zu fördern.
Deshalb sollte auch die Raumtemperatur bei 22-25 °C liegen, damit der Bruch lange warm bleibt und die Molke gut abfließen kann. Auch eine hohe Säure bewirkt, dass die Molke gut abfließen kann. Je mehr Molke abfließt, desto trockener wird der Bruch und desto besser und länger ist der Käse später haltbar.
Es ist auch wichtig, dass die Temperatur nicht unter 20 °C sinkt, damit die Milchsäurebakterien den Milchzucker in Säure umwandeln können. Auch hier ist eine Temperatur von 22-25 °C ideal. Das ist sehr wichtig, denn wenn Milchzucker übrig ist, kann es sein, dass dieser erst später weiter abgebaut wird und der Käse würde durch Entmolkung (höherer Säuregehalt) anfangen an der Oberfläche zu nässen. Das ist bei der Reifung ein Problem und kann den Käse rui-

nieren, da sich die Oberflächenreifung ablösen kann und somit keine Reife im Inneren geschieht.

Wenn der Käse erkaltet ist, wird in der Regel das Gewicht und der Deckel entfernt, damit der Käse besser trocknen kann. Je nach Käseart kommt er dann auch aus der Form, um noch besser trocknen zu können.
Den Bruch, wenn im Rezept nicht anders angegeben, für 8 Stunden in der Form lassen und weitere 2-3 Mal wenden. Dann den Bruch aus der Form nehmen und auf einem Gitterrost 24 Stunden trocknen lassen. Dabei rund 6 mal wenden.

Tipp:
Falls Sie Schwierigkeiten mit dem Platz haben, wo die Molke direkt in einen Abfluss abfließen kann, können Sie auch ein einfaches Abtropfgestell bauen. Es besteht aus handelsüblichen Kanthölzern/Dachlatten, woraus Sie einen Rahmen zusammenschrauben. In diesen Rahmen legen Sie eine Folie, welche die Molke dann auffängt. Auf den Rahmen legen Sie den Gitterrost, auf dem der Käse lagert.

So gehen Sie zum Pressen vor

Bei Käsesorten, die mit relativ wenig Gewicht gepresst werden:
Das Einfachste ist das Pressen mit einem Eimer. Der Eimer sollte gut auf den Deckel der Käseform passen. Füllen Sie, für einen sicheren Stand, die Formen am besten nur bis 5 cm unter den Rand der Käseform. Legen sie einen Deckel auf den Bruch. Der Deckel sollte nur geringfügig kleiner sein als die Käseform. Ist der Deckel viel zu

klein, würde der Bruch an der Seite hochquellen. Ist der Deckel zu passgenau, könnte er, wenn er aus Holz ist, durch die Feuchtigkeit aufquellen und sich in der Form verklemmen.
Stellen Sie nun den Eimer oder ein Glas auf den Deckel und füllen Sie die warme Molke ein. Als Faustformel gilt: Dasselbe Gewicht, das der Käsebruch zu Beginn hat, wird insgesamt an Molke zum Pressen verwendet. 
Zu Beginn füllen Sie 1 Liter ein. Wenn im Rezept nicht anders angegeben, wird der Käse im 15 Minutentakt gewendet. Nach jedem Wenden sinkt der Käse zusammen und der Eimer bekommt einen besseren Stand. Nach jedem Wenden wird das Gewicht um jeweils einen weiteren Liter erhöht. Am Ende haben Sie dasselbe Gewicht an Molke, wie das ursprüngliche Bruchgewicht. 1 Liter Molke wiegt ziemlich genau 1 kg.
Alternativ können Sie statt Molke auch Steine oder mit Salz gefüllte Gläser zur Beschwerung verwenden.

Bei Käsesorten, die mit relativ hohem Gewicht gepresst werden:
Am besten ist dafür ein Pressgestell aus Holz oder Metall.
Für richtige Hartkäse braucht man zum Pressen Gewichte, von teilweise über 70 kg. Dazu muss man ein Gestell haben/sich bauen, auf das man das Gewicht stellen kann.
Es muss stabil sein und einen sicheren Stand aufweisen, sonst wird das Ganze wackelig und gefährlich. Hier ist ihr handwerkliches Geschick gefragt. Es gibt im Handel auch fertige einfache Pressenmodelle für wenig Geld. Hier kann ich die Modelle empfehlen, bei denen man auf eine Holzplatte das Gewicht darauf stellen kann. Als Gewicht eignen sich gerade Mauersteine mit 5-10 kg, da sie gut stapelbar und einfach zu händeln sind.
Die Pressen mit einem Hebel eignen sich weniger gut, weil Sie da den Druck selber erzeugen müssen und ihn nicht richtig einstellen können. Sie sind höchstens gut, um kurz etwas Molke herauszudrücken. Bedenken Sie, dass Molke austritt und diese aufgefangen

werden sollte, auf dem Fußboden macht sie sich nicht gut. Sie können sich auch hier mit dem Rahmen und der Folie beim Abtropfen, siehe auf Seite 41 helfen.

Falls Sie mit dem hohen Gewicht Schwierigkeiten haben, verwenden Sie so viel Sie eben können. Wenn der Käse weniger stark gepresst wird, wird er zwar nicht so hart und reift somit anders und ist weniger lange haltbar. Aber Sie bekommen trotzdem einen guten Käse, der dann eben „Ihre Art“ ist. Auf diese Weise sind die ganzen unterschiedlichen Typen ja erst entstanden.

In der Käseindustrie hilft man sich mit Druckzylindern. Da kann man den Druck stufenlos einstellen. Diese Methode ist aber für die Hobbykäserei viel zu teuer.

Salzen

Wenn der Käse seine Form bekommen hat, wird er gesalzen. Das Salz dient hauptsächlich dem Entziehen der Molke, was den Käse haltbar macht.

Die Arten wie man Käse salzen kann:

- Das Trockensalzen
- Das Salzen in Lake

Das Trockensalzen

Die beste Variante ist das Trockensalzen. Es hat den Vorteil, dass der Käse später den perfekten Salzgehalt bekommt. Ein Versalzen oder zu wenig Salz, was zum Verderb führen würde, ist hier nicht möglich. Der Aufwand ist zwar etwas höher, dafür ist aber das Ergebnis besser.

So gehen Sie vor:

- Geben sie den Käse auf eine Waage und bestimmen Sie sein Gewicht.
- Je kg Käsegewicht verwenden Sie 20 g Salz.

Beispiele zur Berechnung der Salzmenge:

Gewicht des Käses größer als 1 Kilogramm:

1598 g → 1,598 x 20 g = 31,69 g Salz

3658 g → 3,658 x 20 g = 73,16 g Salz

Gewicht des Käses weniger als 1 Kilogramm:

750 g → 0,750 x 20 g = 15 g Salz

365 g → 0,365 x 20 g = 7,3 g Salz

Nehmen Sie dann ein Glas und beschriften Sie es mit einer Nummer oder einem Namen, damit Sie wissen zu welchem Käse das Salz gehört.

Den Käse in eine große Schüssel geben. Nun das Salz gleichmäßig auf dem Käse verteilen. Je kleiner der Käse, desto mehr Salz nimmt er auf. Große Käse müssen in der Regel mehrfach gesalzen werden. Geben Sie dazu einen Teil des Salzes in eine Schüssel und legen Sie den Käse mit der flachen Seite auf das Salz. Streuen sie gleichmäßig Salz auf die Oberfläche. Dann stellen Sie den Käse auf die runde Seite und drehen ihn durch das Salz, so dass die ganze Seite auch gesalzen ist. Dadurch sollte nun der ganze Käse an allen Seiten gesalzen sein. Machen Sie das so gleichmäßig wie möglich.

Legen Sie den Käse nun auf ein Gitter, wo er abtropfen kann. Geben Sie die verbleibende Salzmenge zurück ins Glas und verschließen Sie es. Schreiben Sie sich auf, welchen Käse (Nummer oder Name) Sie wohin legen. Das gilt auch für das spätere Pflegen der Käse. Sie sollten immer wissen, welcher Käse was ist. Bei manchen Käsen, wenn sie z.B. mit Gewürzen außen versehen wurden, ist es deutlich zu sehen. Doch ansonsten sehen die Käse meist gleich aus und es kann schwierig werden zu wissen, was Sie mit welchem Käse später an Pflege/Reife machen wollen.

Am einfachsten können Sie die Käse mit einer lebensmittelechten Stempelfarbe, oder mit Zahlen aus Kasein kennzeichnen.

Beides ist im Fachhandel erhältlich.
Die Käse, die nicht alles an Salz aufnehmen konnten, werden, wenn das Salz an der Oberfläche weg ist, erneut auf dieselbe Weise gesalzen. Die Dauer von einem Salzen zum Nächsten liegt bei rund 12 Stunden. Das Nachsalzen kann je nach Sorte und Größe auch 4 oder 5 mal sein.
Legen sie den Käse danach wieder an seinen Platz und die Restmenge an Salz, zurück in das beschriftete Glas. So bekommen Sie die maximale Qualität und es kann nichts verwechselt werden. Auch ein Unter- oder Versalzen ist auf diese Weise nicht möglich. Wenn der Käse wieder trocken geworden ist, kann er wieder gesalzen werden, bis er das ganze Salz aufgenommen hat.
Falls nach über 48 Stunden ein Käse immer noch glänzt und an der Oberfläche feucht sein sollte, hat er immer noch zu viel Molke in sich und es ist erforderlich ihn erneut zu Salzen. Dazu in die Schüssel geben und erneut einmal komplett im Salz wenden, so viel er eben aufnehmen kann. Das passiert normal nur, wenn man bei der Bruchherstellung, dem Pressen oder Abwiegen des Salzes einen Fehler gemacht hat.

Das Salzen in einer Lake

Es klingt etwas komisch, dass ein Käse in einer Lake trocknen soll. Doch in der versalzenen Lake ist so viel Salz, dass dieses durch den osmotischen Druck in den Käse wandert und dort Molke entzieht und diese in die Lake abgibt.
Diese Methode hat den Vorteil, dass man auch sehr große Käse einfach salzen kann. Da allerdings ein privater Käsemacher kaum riesige Käse von über 10 kg macht, scheidet dieser Vorteil aus. Es ist ein bequemes Verfahren, bei dem man die Käse einfach in Salzlake gibt und sie darin schwimmen lässt. Aber je nach dem, wie viele Käse in der Lake schwimmen, kann der Salzgehalt schwanken. Dies kann dazu führen, dass der Käse später versalzen ist oder zu wenig Salz hat. Es ist auch äußerst schwierig, den Verlauf der Salzung zu kontrollieren. Je nachdem, wie genau Sie die Käse auf Größe und Gewicht bezogen herstellen, kann es später zu Verwechslungen der

Käselaibe führen und das wiederum zur Unter- oder Versalzung des Käses. Die Käse zu markieren ist absolut wichtig, damit keine Verwechslung stattfindet. Achten Sie darauf, dass die Oberfläche keinesfalls verletzt wird, da dies sonst später zu unerwünschtem Schimmel im Inneren führen kann.

Das Salzen in einer Lake hat aber, abgesehen von der Bequemlichkeit, eigentlich nur Nachteile und birgt viele Fehlerquellen. Ich empfehle Ihnen deshalb unbedingt das Trockensalzen.

So gehen Sie vor:
Die Lake wird aus der Molke, aus der der Käse hergestellt wurde gemacht. Die Molke wird aber erst unmittelbar, bevor der Käse hineinkommt, mit 220 g Salz je Liter gesalzen. Die Molke wird im gleichen Raum wie der Käse gelagert. Nur dadurch ist sichergestellt, dass die Lake den gleichen pH-Wert wie der Käse hat.
Nachdem der Käse eine feste Form bekommen hat, legen Sie den Käse auf die Waage und bestimmen Sie sein Gewicht. Dann rechnen Sie die Dauer der Salzung aus und beschriften den Käse. Danach wird der Käse in die Molke-Salzlake gelegt.

Hier gilt als Richtwert für weiche Käse wie Brie, Camembert, je Kilogramm Käsegewicht 240 Minuten.
Auch hier ist es wichtig, die Käse zu kennzeichnen, damit man weiß, wann welcher Käse aus der Lake wieder heraus soll. Am einfachsten können Sie die Käse mit lebensmittelechter Stempelfarbe, oder mit Zahlen aus Kasein kennzeichnen. Beides ist im Fachhandel erhältlich.

Für feste Käsesorten wie Bergkäse, Gouda, Cheddar, etc. also alle, die lange reifen dürfen und aus festem Bruch gemacht wurden, braucht es pro Kilogramm Käsegewicht 360-480 Minuten Zeit in der Lake.
Diese Angabe schwankt, denn je härter der Bruch, desto länger die Zugzeit. Da ich die Festigkeit Ihres Käse nicht kenne, kann ich es Ihnen nicht genau sagen, da müssen Sie selbst ein Gefühl dafür bekommen. Durch diese Ungenauigkeit schwankt der Salzgehalt,

was den Käse anders reifen lässt und je nach Dauer auch versalzen könnte. Deswegen ist das Trockensalzen die bessere Art, da dort exakt bestimmt wird, wie viel Salz in den Käse kommt. Nur bei sehr großen Käse ist es schwierig, sie von Hand zu salzen. Ich spreche hier von Käse mit mehr als 10 kg Gewicht, was vermutlich nur die wenigsten machen werden. Von daher ist es immer besser, auf das Trockensalzen zurückzugreifen.

Achten Sie darauf, dass die Käse komplett unter der Oberfläche der Lake sind.
Sollte ein Käse schwimmen, was durch Gasbildung im Käse sein kann, sollte dieser mit einem Gitterrost und etwas Gewicht beschwert werden. Achten Sie darauf, dass das Gewicht salzresistent ist und keinen Geschmack an die Lake abgibt. Nach der halben Salzungszeit werden die Käse gedreht und die Molke umgerührt.

Berechnung der Verweildauer in der Lake:

Weiche Käse:
Weichkäse mit einem Gewicht von 365 g, das entspricht 0,365 kg.
0,365 x 240 Minuten = 87,6 Minuten was 1 Stunde und 27 Minuten sind.

Brie mit einem Gewicht von 1250 g, das entspricht 1,25 kg.
1,25 x 240 Minuten = 300 Minuten, was 5 Stunden sind.

Schnittfeste Käsesorten:
Gouda mit einem Gewicht von 6854 g (Gouda hat weicheren und größeren Bruch), das entspricht 6,854 kg.
6,854 x 360 Minuten = 2467 Minuten, was ca. 41 Stunden sind.

Hartkäse:
Bergkäse mit einem Gewicht von 5236 g (Bergkäse hat sehr festen und kleinen Bruch), das entspricht 5,236 kg.
5,236 x 480 Minuten = 2513 Minuten, was ca. 42 Stunden sind.

Rindenbildung

Nachdem der Käse gesalzen ist, wird er luftig gelagert. Wenn man auf dem Käse später ein Rillenmuster haben möchte, wird er auf Gittern gelagert. Wenn man eine glatte Oberfläche haben möchte, werden die Käse solange, bis sie eine feste Rinde haben, auf einem Baumwolltuch auf Brettern gelagert und erst später auf Gittern. Den Käse immer wieder wenden, damit er gleichmäßig trocknen und fest werden kann.
Bei der Lagerung auf Gittern immer darauf achten, dass die Rinde fest genug ist und die Oberfläche nicht verletzt wird. Denn wenn die Oberfläche beschädigt wird, besteht die Gefahr, dass Schimmel eindringt. Wenn der Käse noch sehr weich ist, ist es besser, ihn auf einem Baumwolltuch auf einem Brett zu lagern.

Wichtig: Die Baumwolltücher werden am besten von Hand, mit Natronwasser und ohne Duftstoffe gewaschen. Denn wenn die Baumwolltücher riechen, dringt dieser Geruch in den Käse ein und verdirbt ihn!

Der Käse beginnt erneut zu tropfen, wenn er gesalzen wurde. Lagern Sie den Käse so, dass die Molke entweder direkt in einen Abfluss am Waschbecken abfließen kann oder von einer Wanne oder Folie aufgefangen wird. Nach der Salzung den Käse auch immer wieder drehen. Nach 24 Stunden ist der Käse in der Regel dann trocken. Das sehen Sie daran, ob der Käse an der Oberfläche matt (trocken) oder glänzend (feucht) ist. Sollte er noch feucht sein, einfach weiter trocknen lassen und gelegentlich wenden. Das Trocknen sollte bei Zimmertemperatur (18-25 °C) geschehen.

Achten Sie unbedingt darauf, dass es im Raum nicht zu trocken ist (weniger als 50 % Luftfeuchte) in den deutschen Wintern ist die Luft meist sehr trocken, vor allem wenn geheizt wird. Wenn die Luftfeuchtigkeit zu trocken ist, trocknet der Käse an der Oberfläche zu schnell, was zu Spannungen und späterem Reißen der Rinde führen kann. Das gilt insbesondere dann, wenn er später im Reiferaum/ Reiferegal reifen soll. Dort ist es besonders wichtig, dass Sie sich an die vorgegebene Luftfeuchtigkeit halten, da sonst die Rinde aufreißt.

Falls die Luftfeuchte zu niedrig sein sollte, können Sie den Käse von der Umgebungsluft etwas abschotten. Beispielsweise können Sie einen Wäscheständer mit Leinentüchern oder engmaschigen Insektengittern behängen und den Käse darunter trocknen lassen. Durch das Abschotten von der Umgebungsluft ergibt sich automatisch eine höhere Luftfeuchte durch die Feuchtigkeit des Käses.

Stellen Sie immer einen Feuchtemesser dazu, damit sie die Feuchtigkeit kontrollieren können. Die Feuchtigkeit sollte ungefähr bei 75-85 % liegen.

Achten Sie darauf, dass keine Fliegen oder andere Insekten an den Käse gelangen.

Wenn der Käse nun oberflächlich trocken ist, folgen die weiteren Schritte. Frischkäse kann dann direkt gegessen werden, Lagerkäse kommt dann in den Reiferaum/Reiferegal wo er weitere Behandlungen bekommt.

Den Käse in eine spezielle Form drücken

Bei machen Käsetypen, ist eine flache Form mit rundlichen Ausdellungen erwünscht, ein Beispiel ist der Gouda. Um diese Form zu bekommen, wird der Käse zunächst in eine normale Form gefüllt und später in diese Form gedrückt.

Dazu brauchen Sie Abstandhalter, damit der Käse nur bis auf eine bestimmte Höhe gedrückt wird. Hier können Sie sich mit Holzklötzchen, Blechdosen, Tassen oder Ähnlichem behelfen. Sie brauchen nur wenig Gewicht, um den Käse in diese Form zu drücken. Hier gilt es nur sanft zu drücken. Das bedeutet, das Formen sollte langsam geschehen, damit der Käseoberfläche nichts passiert. Fangen Sie deswegen mit wenig Gewicht an und falls es noch zu wenig sein sollte, einfach schrittweise erhöhen. Je nach Beschaffenheit des Bruchs schwankt das Gewicht. Sie sehen ja, ob der Käse anfängt, sich zu verformen und langsam abzusinken.

Verwertung der Molke

In der Molke aus Lab-Käsen ist immer noch Milcheiweiß enthalten, welches in der vorherigen Käseherstellung nicht verwertet wurde. Ricotta wird traditionell aus der restlichen Molke gemacht, aus der zuvor ein anderer Lab-Käse hergestellt wurde. Auf diese Weise werden alle festen Bestandteile (Milcheiweiß) der Milch genutzt. Es lohnt sich aber nur dann, wenn Sie wirklich große Mengen an Molke haben (ab 25 Liter) und vor allem Schafsmilch verwendet haben.

Aus der Molke von Kuh- oder Ziegenmilch ergibt sich sehr wenig Ricotta, was kaum den Aufwand wert ist. Aus 50 Liter Schafsmilch bekommt man etwa 3 kg Ricotta. Bei Kuh und Ziege etwa nur die Hälfte. **Aus der Molke von Joghurt-Käse oder aus rein milchsauer gemachten Brüchen kann man keinen Ricotta herstellen.**

Weitere Verwendung: Anstelle von Brühe oder Milch zum Kochen verwenden. Pur oder mit Früchten vermischt trinken, darin baden, Tiere damit füttern oder als Dünger für Gemüsepflanzen.

Reifeverfahren

Grundsätzliches über die Reifung:

Käse, der nicht gereift wird, ist im Geschmack sehr mild oder sogar fast geschmacklos. Erst durch die Reifung bekommt er sein typisches Käsearoma.

Je länger gereift wird, umso würziger und pikanter wird das Aroma.

Je weicher ein Käse ist, umso schneller reift er. Je nach Reifeart wird der Käse mild bis pikant-würzig. Je weicher ein Käse ist, umso weniger lange kann er gelagert werden. Jede Reifeart hat ihre speziellen Bedingungen an das Klima. Sie sollten dieses so gut und konstant wie möglich beibehalten.

Weiche Käse reifen innerhalb 3-4 Wochen, die Lagerfähigkeit ist recht gering.

Harte Käse bekommen ihre Grundreife innerhalb 6-8 Wochen, die Lagerfähigkeit im geschlossenen Laib kann mehrere Jahre betragen.

Räumlichkeiten zur Reife

Wie sollte der Raum zum Reifen der Käse beschaffen sein?

Hier ist es wichtig, dass der Raum kein Holz oder Tapeten enthält. Da der Käse bei sehr hoher Luftfeuchte gereift wird, würden diese Materialien zu schimmeln beginnen.

Die Käse reifen zwar auf Holz, doch dieses kann auch wieder gereinigt werden, um ein Muffen zu verhindern. Ist wiederum Holz im Raum, kann dieses anfangen zu schimmeln und zu muffen und dieses Muffen würde auf den Käse übergehen. Im Raum sollten auch keine Düfte vorhanden sein, denn feuchter Käse nimmt alle Düfte in seiner Umgebung auf und das ist nicht immer erwünscht. Am besten ist ein Raum, der gefliest ist oder nur aus Mauerwerk besteht. Die Raumtemperatur sollte im Durchschnitt 12 °C betragen (8-16 °C sind die Grenzwerte) und die Luftfeuchte 85-97 %.

Der Raum muss vor Insekten geschützt werden. Alternativ können Sie sich auch ein Lagerregal bauen, welches mit Insektenschutzgittern versehen ist.

Vor allem Fliegen müssen ferngehalten werden, da sie sonst ihre Eier in den Käse legen könnten und der Käse später voller Maden sein würde. Der Raum sollte dunkel sein. Vor allem sollte <u>keine</u> direkte Sonneneinstrahlung vorhanden sein. Den Raum sollte man lüften können, aber keinesfalls darf Zugluft herrschen, da sonst die Rinden der Käse reißen könnten.

Reinigung des Lagerraumes

Hygiene ist bei der Käseherstellung ein sehr wichtiges Thema. Daher sollte der Raum, in dem die Käse reifen, alle 2-4 Wochen gründlich gereinigt werden, um die Käse vor unerwünschten Eindringlingen zu schützen. Hier sind vor allem Käserinden-Milben zu erwähnen. Diese Milben befinden sich sonst vor allem in der Rinde und verändern den Käse. Es gibt Käsesorten, die extra mit diesen Milben kontaminiert werden, um sein spezielles Aroma zu erhalten. Doch meist sind diese Aromen nicht erwünscht. Reinigen sie deshalb alle Regalböden und den Raum regelmäßig gründlich, um alles sauber zu halten. Auf diese Art wird auch die Gefahr von unerwünschtem Schimmel reduziert.

Das Reifeklima regulieren

Am einfachsten ist es natürlich, wenn Sie einen Raum haben, der das richtige Klima hat. Doch das ist je nach Jahreszeit schwierig. Einmal passt die Temperatur nicht und einmal die Feuchte. Die Temperatur kann man entweder über ein Klimagerät regulieren oder man reift die Käse in einem Kühlschrank. Je nach Hersteller kann man da die Temperatur auf nur 12 °C absenken, was die durchschnittliche Temperatur für die Reife darstellt. Die Luftfeuchte ist eine größere Herausforderung. Im Kühlschrank kann man sich mit einem nassen

Tuch helfen, dessen unterer Teil in ein Wassergefäß gesteckt wird und sich somit immer wieder vollsaugt.

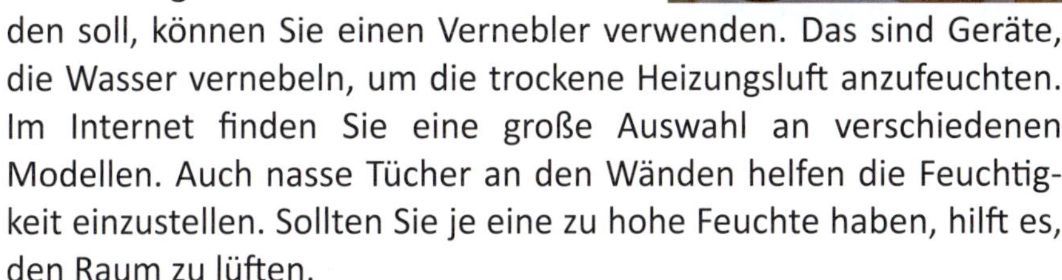

Dieses Tuch dann großflächig aufhängen, um einen guten Feuchteaustausch zu gewährleisten. Das Wassergefäß wird dann unten in den Kühlschrank gestellt und das Tuch wird oben an den Gittern mit Wäscheklammern befestigt. Durch die Größe des Tuches können Sie die Luftfeuchte regulieren.

Je voller der Kühlschrank ist, umso einfacher ist es. Allein deshalb, weil die Käse Feuchtigkeit abgeben und somit die Raumfeuchte erhöhen.

Wenn ein ganzer Raum befeuchtet werden soll, können Sie einen Vernebler verwenden. Das sind Geräte, die Wasser vernebeln, um die trockene Heizungsluft anzufeuchten. Im Internet finden Sie eine große Auswahl an verschiedenen Modellen. Auch nasse Tücher an den Wänden helfen die Feuchtigkeit einzustellen. Sollten Sie je eine zu hohe Feuchte haben, hilft es, den Raum zu lüften.

Doch Vorsicht keine Zugluft, solange sich Käse darin befindet.

Eine andere Möglichkeit sind elektrische Entfeuchter. Diese kann man auf den gewünschten Feuchtewert einstellen und hat somit immer dieselbe Feuchte. Für das Einstellen der Feuchte müssen Sie ein Gefühl bekommen, je nachdem wie Ihre Gegebenheiten sind. Notieren Sie sich, was Sie getan haben um es später schneller wieder so machen zu können.

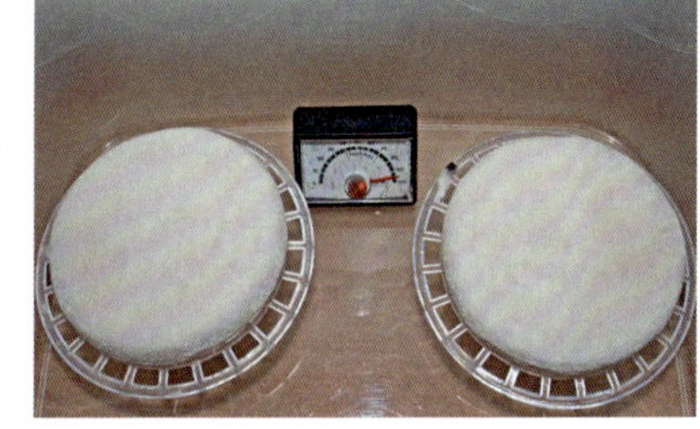

Einfacher ist es, wenn Sie nur wenige oder kleine Käse machen wollen, wie beispielsweise einen Camembert. Sie können dazu eine lebensmittelechte Box aus Kunststoff verwenden, worin der Käse reifen kann. Wenn das Gefäß nicht viel zu groß ist, stellt sich +- das perfekte Klima durch die Eigenfeuchte der Käse ein. Das Gefäß muss aber mindestens das 5-10 fache Volumen des Käses haben, da sich sonst Staunässe bildet. Der Käse kann dann entweder von Hefen eingenommen werden oder zu einem Schmierrindenkäse werden.

Anfangs müssen Sie aber immer das entstehende Kondenswasser täglich oder sogar mehrfach täglich mit einem Küchenkrepp aus der Box entfernen. Wenn die Käse noch jung sind, ist es besser, eine sehr große Box zu verwenden. Falls die Feuchtigkeit unter den gewünschten Wert sinkt, verwenden Sie einfach eine weniger große Box.

Stellen Sie immer ein Hygrometer und Thermometer mit in die Box, so haben Sie alle Werte im Blick.

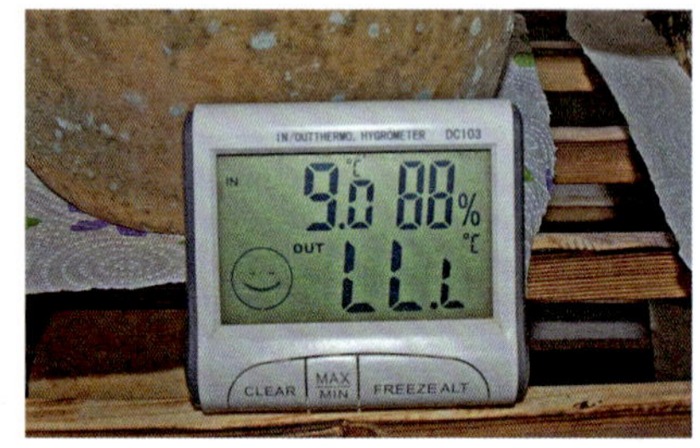

Durch die Box ist der Käse auch vor Fremdkulturen geschützt und reift somit wie gewünscht.

Diese Box muss jeden Tag gelüftet werden, damit kein muffiger Geruch entstehen kann und immer ausreichend Sauerstoff für die Reifekultur vorhanden ist. Beim Lüften der Box sehen Sie auch, ob alle Werte und die Käse in Ordnung sind.

Auch einen Wäscheständer, der mit Leinentüchern behängt ist, kann man zur Reifeklima-Steuerung nutzen. Lagern Sie die Käse im Inneren des Wäscheständers.

Unbedingt darauf achten, dass die Tücher ohne Parfümstoffe gewaschen wurden.

Denn wenn diese riechen, dann würde der Käse den Parfümgeruch annehmen. Durch das Abschotten von der Umgebungsluft und Verkleinern des Raums, ergibt sich durch die Feuchtigkeit des Käses, automatisch eine höhere Luftfeuchte. Ist es dennoch zu trocken, können Sie die Tücher mit einer Zerstäuberflasche mit Wasser besprühen. Stellen Sie immer einen Feuchtigkeitsmesser zum Käse dazu, damit sie die Feuchtigkeit kontrollieren können.

Reifung mit Rotschmierekulturen/Bakterien

Die Rotschmiere, besteht hauptsächlich aus dem Brevibakterium linens, was in der Kurzform B. linens genannt wird.
Die optimale Temperatur im Reifungsraum liegt zwischen 13–16 °C, die relative Luftfeuchtigkeit zwischen 90–95 %.

Nur die kleinen und weichen Käse bekommen das typische Aroma und die Konsistenz eines Schmierrindenkäses, da die Kultur auch ins Innere des Käses eindringen kann. Mit der Reife wird der Kern immer weicher und sein Aroma stärker/intensiver.

Harte Käse bekommen durch diese Kultur nur eine schöne Farbe und sind vor Schimmelbefall geschützt. Der typische Geschmack und Geruch der Rotschmierekultur wird nur minimal gebildet.

Zum Einschmieren werden aus der Molke 2 Laken angesetzt, wie später unten beschrieben.

Die erste Lake mit 15 g Salz je Liter dient dazu, das Geotrichum candidum zu fördern, um die Oberfläche zu entsäuern.

Die zweite Lake dient dazu, die B. linens-Kulkturen anzusiedeln und zu fördern. Die Salzmenge der zweiten Lake variiert erheblich, denn sie hat einen großen Einfluss auf die Reife. Weniger Salz bringt eine rosa Farbe der Rinde hervor und einen stark riechenden Käse. Verwenden sie mehr Salz, wird die Käserinde leuchtend Orange bis zu Rotbraun und der Käse riecht weniger stark.

Käse die mit Rotschmiere gereift werden, sollten am besten auf Gittern gelagert werden, weil für die Reife Sauerstoff erforderlich ist.

Hygiene ist bei der Rotschmiere sehr wichtig, damit keine Gefahr durch Ansiedelung von Listerien ausgeht. Auch das Ansiedeln mit gezüchteten Kulturen minimiert das Risiko.

Die natürliche Ansiedelung:

Wenn man natürlich Käsen will, kann man sich auch eine Kultur züchten, die das Brevibakterium linens enthält, in der aber auch noch andere Arten mit dabei sind.

Um Rotschmiere zu bekommen, muss man in den ersten 2-4 Wochen den Käse alle 2 Tage mit gesalzener Molke einschmieren. Die Zeit variiert und ist vom Käsetyp abhängig. Ein Weichkäse reift viel schneller, weil er von sich aus feuchter ist. Hartkäse ist trockener und braucht somit länger. Um die Rotschmierekultur zusätzlich zu fördern kann man unbehandeltes feuchtes Meersalz verwenden. Zuerst wird der Käse mit einer Salzmolke abgerieben um das Geotrichum candidum zu fördern, wodurch die Oberfläche entsäuert wird.

Wer Natur pur will, verwendet nur aktive Molke, das ist die Molke, aus der der Käse gewonnen wurde. Versetzen Sie ⅓ der Molke mit 15 g Salz je Liter. Damit wird der Käse in der ersten Woche geschmiert. Die anderen ⅔ werden mit 50-100 g Salz je Liter versetzt und für die Schmierung während der restlichen Reifezeit verwendet. Für ein intensiveres Aroma verwenden Sie 50 g Salz, für ein eher dezenteres Aroma 100 g Salz. Diese Molke ebenfalls an dem Ort lagern, wo der Käse reift. Wenn Sie bereits Schmierrindenkäse im Reiferaum haben, können Sie zuerst diese einschmieren und somit die Kulturen der älteren Käse auf die jungen Käse übertragen. Auf diese Weise geschieht das Wachstum sehr schnell.

Eine andere Art, sich selbst eine Kultur zu züchten, ist es, einen Camembert aus Rohmilch herzustellen. Wenn dieser den weißen Schimmel auf sich trägt, den Käse in ein Glas geben, so dass nur sehr wenig Luft darin ist. Dieses Glas bei 12-16 °C geschlossen lagern und jeden Tag einmal kurz aufmachen um die Luft zu tauschen und wieder verschließen. Nach einigen Tagen werden Sie die Rotschmiere-Kultur bereits riechen und auch sehen. Um andere Käse damit zu beimpfen, einfach den kleinen Käse, der im verschlossenen Glas ist, mit einem Tuch, das in Salzmolke getaucht wurde abreiben. Dann die anderen jungen Käse mit diesem Tuch abreiben. So gelangt die Kultur von einem Käse zum anderen.

Diesen Vorgang wiederholen Sie einige Male. Danach reicht es aus, den jungen Käse nur noch mit der Salzmolke oder einer anderen gesalzenen Flüssigkeit zu schmieren.
Um Fehlproduktionen zu vermeiden, arbeitet man am besten nur mit gezüchteten Rotschmiere-Kulturen.

Die Ansiedelung mit gezüchteten Kulturen:

Rotschmiere-Kulturen bekommen Sie im Fachhandel. Diese fördern nur das reine Brevibakterium linens. Beachten Sie die Herstellerangaben für die Menge, die in die Salzlake eingebracht wird.
Bevor der Käse mit dieser Kultur beimpft werden kann, muss zunächst die Oberfläche entsäuert werden. Das geschieht zum einen durch Hefen und Geotrichum candidum. Dazu eine Lake mit 15 g Salz je Liter, den B. linens-Kulturen und wenn keine Rohmilch verwendet wird, den Geotrichum candidum-Kulturen ansetzen. Mit dieser Lake wird der Käse in der ersten Woche, ab dem ersten Reifetag, alle 2 Tage eingeschmiert und gewendet.
Für das Schmieren ab der zweiten Woche, wird eine Lake mit 50-100 g Salz je Liter und nur noch B. linens-Kulturen angesetzt. Für ein intensiveres Aroma verwenden Sie 50 g Salz, für ein dezenteres Aroma 100 g Salz.
Diese Laken werden mit einem sauberen Tuch auf den Käse aufgetragen.

Die weitere Pflege der Rotschmiere bei beiden Arten:

Der Käse wird alle 2 Tage mit der Salzlake abgerieben.
Dabei nicht zu sanft sein, es soll sich etwas Käseabrieb bilden, der ist „Futter“ für die Rotschmierekultur. Diese wächst dann besser und schneller. Der Käse wird solange mit Lake abgewaschen, bis er die gewünschte Reife erreicht hat.

Probleme bei der Entwicklung der Rotschmiere:

Bildet sich keine Schmiere, ist es im Raum zu trocken.
Bildet sich weißer Belag, was Schimmel ist, dann öfter waschen, damit der Schimmel nicht die Oberhand gewinnt.
Wird der Käse an der Oberfläche wellig, ist er zu feucht und der Käse sollte etwas trockener geschmiert werden.

Es ist auch wichtig, falls Sie ihre Käse auf Brettern reifen, dass die Seite, auf der der Käse auf das Holz gelegt wird, nicht geschmiert wird. Das Schmieren und dann auf Holz liegen, würde dazu führen, dass kein Sauerststoff an die Kultur kommt und sie würde ersticken. Daher ist es besser, Schmierrindenkäse auf Horden (Gittern) reifen zu lassen.

Die groben Reife- und Behandlungszeiten:

Weichkäse:

Die Reife bei weichem Käse dauert 2-4 Wochen. Der Käse wird solange geschmiert, bis er eine orange bis rotbraune Oberfläche bekommt. Hier entscheidet vor allem Ihre Nase und das Auge, wie stark der Käse reifen soll. Je länger er reift, umso weicher wird er innen und je stärker wird sein Geruch und Geschmack.

Sobald die Käse die richtige Reife erreicht haben, kommen sie in Käsepapier und reifen im Kühlschrank bei 2-7 °C noch ca. 2 Wochen weiter. Sie werden dann aber nicht mehr geschmiert. Es muss Käsepapier sein, da der Käse sonst ersticken würde. B. linens braucht Sauerstoff zum Überleben.

Hart- und Schnittkäse:

Diese werden 5-8 Wochen lang geschmiert. Die Dauer legen Sie selbst fest. Schmieren Sie solange, bis der Käse eine kräftige Rinde und eine schöne Farbe bekommen hat. Die Rotschmierekultur hat hier hauptsächlich Auswirkungen auf die Rinde und nicht auf das Innere des Käses.

Ist die gewünschte Reife erreicht, wird der Käse gut getrocknet und kann verzehrt werden. Hier ist aber von der gesamten Reife die Rede, also die Reife von innen nach außen, die sogar Jahre betragen kann.

Die Rotschmiere dient hier nur dem Schutz und der Optik.

Je nach Raumklima dauert das Trocknen der Käse 2-5 Tage. Sie sehen es dem Käse an, wann er trocken ist.

Wenn man den Käse vakuumieren will, muss man die Schmiere abwaschen und den Käse gut trocknen lassen, da er sonst einen fauligen/muffigen Geschmack bekommt. Hat man kleinere Käse, die im Kühlschrank luftig aber nicht komplett offen gelagert werden können, kann man die Schmiere auf dem Käse belassen. Mit der Rotschmiere hat er natürlich einen intensiveren Duft/Geschmack als ohne. Wer sie nicht mag, kann sie vor dem Verzehr mit einem Messer abschaben.

Haltbarkeit von auf diese Art gereiftem Käse:

Weiche Käse: rund 5-6 Wochen im Kühlschrank.
Hart- und Schnittkäse: rund 3 Monate im Kühlschrank.

Das Wichtigste in Kürze:

- Die Rotschmiere entsteht hauptsächlich durch das Brevibakterium linens, kurz: B. linens.
- Die optimale Temperatur beträgt 13-16 °C.
- Die optimale Feuchtigkeit beträgt 90-95 %.
- Bei weichen Käsen dringt das Aroma bis zum Kern vor. Bei harten Käsen kommt kaum Geschmack ins Innere, die Rotschmiere schützt hier nur vor Schimmelbefall.
- Die erste Waschlake mit 15 g Salz ansetzen. Wenn keine Rohmilch verwendet wurde, noch Geotrichum candium hinzufügen, damit der Käse oberflächlich entsäuert wird. Dazu eine Woche lang alle 2 Tage den Käse damit abreiben und wenden.
- Wenn sich weißer Schimmel gebildet hat, die zweite Waschlake zum Schmieren mit 50-100 g Salz ansetzen. Je weniger Salz, desto intensiver wird das Aroma. Unbehandeltes Meersalz fördert die Bildung der Rotschmiere.
- In den ersten 2-4 Wochen den Käse alle 2 Tage schmieren, den Käse dabei kräftig abreiben, damit etwas Abrieb entsteht, denn dieser fördert das Wachstum.
- Bildet sich keine Rotschmiere Feuchtigkeit im Raum erhöhen.
- Wenn sich Schimmel bildet, die Feuchtigkeit reduzieren und den Käse öfter waschen.
- Schmierrindenkäse bevorzugt auf Horden/Gittern reifen, damit die Kultur ausreichend Sauerstoff bekommt.

Reifezeiten und Haltbarkeit:

Weichkäse: 2-3 Wochen schmieren, dann in Käsepapier im Kühlschrank 2 Wochen ohne Schmierung reifen lassen.
Die Haltbarkeit im Kühlschrank beträgt etwa 5-6 Wochen.
Hartkäse: Werden 5-8 Wochen geschmiert, solange bis der Käse eine kräftige Rinde und die gewünschte Farbe bekommen hat. Danach trocknen lassen und wie gewünscht weiter reifen lassen. Wenn der Käse vakuumiert werden soll, unbedingt die Schmiere abwaschen, sonst bekommt der Käse einen muffigen Geschmack.

Laken zum Käse schmieren:

Lake aus Molke:
1 Liter aktive Molke + 50-100 g Salz.

Alternative Laken, um Geschmack zu verleihen:

- **Bier**
- **Wein** bitte aufpassen wegen dem Schwefelgehalt. Rotwein oder trockene Weine haben einen geringeren Schwefelgehalt. Der Schwefel stört das Wachstum der Rotschmiere.
- **Spirituosen** müssen wegen des hohen Alkoholgehalts 4:1 verdünnt werden (4 Teile Wasser und 1 Teil Spirituose).
- **Sojasoße** muss je nach Hersteller noch mit Salz angereichert oder mit Wasser oder einer anderen Flüssigkeit verdünnt werden. Die Salzmenge der Sojasoße ist auf dem Produkt angegeben.

Verwenden Sie keine zuckerhaltigen Flüssigkeiten!

Diese würden das Wachstum unerwünschter Kulturen fördern.

Bei allen Flüssigkeiten, außer Sojasoße gilt:
1 Liter Flüssigkeit + 50-100 g Salz.

Unterschiedliche Schimmelarten

Reifung mit weißem Edelschimmel

Grundsätzliches:
Typisch für diesen Weißschimmel ist sein weißer „Schimmelrasen" und sein champignonähnlicher Geschmack. Der Weißschimmel von industriell hergestelltem Weißrindenkäse, ist entweder der Schimmelpilz als Reinzucht Penicillium candidum oder Geotrichum candidum. Die beiden Pilzarten unterscheiden sich etwas in der Optik, der Penicillium ist reinweiß und der Geotrichum candidum eher cremeweiß. Im Geschmack ist aber kein Unterschied festzustellen. Diese beiden Kulturen sind als Reinzucht im Handel erhältlich. Geotrichum candidum ist aber auch in natürlicher Form in der Rohmilch enthalten. Er wird auch als Milchschimmel bezeichnet.

Das Anzüchten des Weißschimmels

Durch Zugabe gezüchteter Reinkulturen
Da die Schimmelkultur meist in Pulverform ist, etwa 30 Minuten vor der Verarbeitung in 50 ml kaltes Wasser einrühren und quellen lassen. Beachten Sie die Mengenangabe des Herstellers. Hier gibt es die Menge zum Impfen der Milch und zum Besprühen der Käse.
Wenn nur Weißschimmelkäse aus dem Bruch gemacht wird, gibt man die Weißschimmelkulturen zum Impfen der Milch vor dem Lab in die Milch und mischt gut durch.

Wird auch noch Käse mit anderer Reifeform aus diesem Bruch gemacht, wird die Schimmelkultur nur auf den gesalzenen und getrockneten Käse aufgesprüht.

Nach dem Salzen die Käse an der Oberfläche trocknen lassen, dann kommen sie auf Gitterroste.
Falls keine Weißschimmelkulturen in der Milch waren, werden nun die Weissschimmelsporen mit einer Sprühflasche auf die Käse aufgesprüht. Beachten Sie die Mengenangaben des Herstellers. Die

Sprühflasche muss zuvor auch gut gereinigt sein, nicht dass noch andere Schimmelsporen darin sind. Verwenden Sie auch keine Lappen, um die Sporen aufzutragen, da auch dort Schimmelsporen anderer Arten enthalten sein können. An der Oberfläche trocknen lassen. Wenn die Käse nicht mehr glänzen wenden und auf der anderen Seite einsprühen. Im späteren Reifeverlauf braucht der Käse nicht mehr besprüht werden.

Denken Sie daran, Käse mit Weissschimmel nur mit gewaschenen und mit Einweghandtüchern getrockneten Handschuhen anzufassen.

Falls nur Weißschimmelkäse im Reiferaum ist, kann man auch dort die Sporen versprühen, um so das perfekte Reifeklima und eine Umgebung mit den erwünschten Sporen zu erzeugen.

Bringen Sie nun die Käse auf dem Gitterrost in den Reiferaum oder in eine Reife-Box. Eine Box ist vor allem dann hilfreich, wenn auch andere Schimmel-Käsearten gemacht werden.
Ein Gitterrost ist wichtig, damit überall Luft hinkommt.

Temperatur im Reifungsraum 12–15 °C relative Luftfeuchtigkeit 90–95 %
Die Feuchtigkeit darf keinesfalls höher als 95 % sein, da der Käse sonst gerne von Hefen eingenommen wird. Das erkennen Sie daran, dass der Käse an der Oberfläche eine gelbliche Farbe bekommt. Das kann vor allem in der Reife-Box schnell passieren. Falls dies der Fall ist, die Box mit einem Küchenkrepp täglich austrocknen. Zum Reduzieren der Feuchtigkeit kann auch ein trockenes Küchenkrepp in die Box gelegt werden. Das muss durch ein Trockenes erneuert werden, sobald die Feuchtigkeit wieder steigen sollte.
Der Käse wird alle 2 Tage mit sauberen Handschuhen gewendet. Nach etwa 4-5 Tagen sollte der Schimmel auf dem Käse sichtbar sein. Er reift dann weiter, bis der ganze Käse von einem weißen „Schimmelrasen" überzogen ist. Das dauert von Beginn an rund 10 Tage. Dabei weiterhin alle 2 Tage wenden, um eine gleichmäßige Reife und eine gute Sauerstoffversorgung zu gewährleisten.

Die natürliche Entstehung der weißen Rinde:

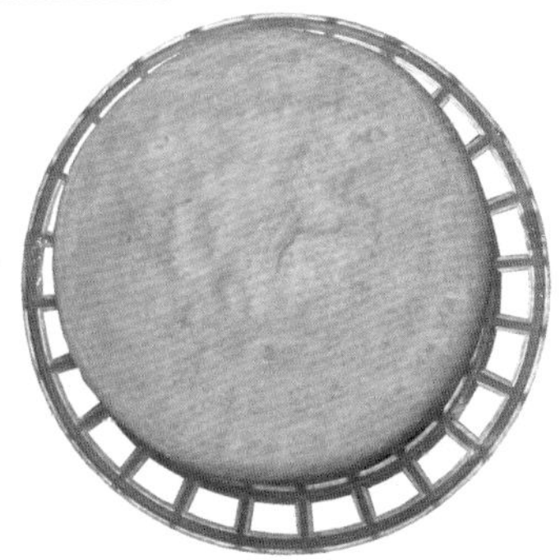

Wenn man Rohmilch verwendet, ist der Pilz Geotrichum candidum bereits vorhanden und muss der Milch nicht extra zugesetzt werden. Auch das Besprühen muss nicht erfolgen, da die Sporen in ausreichender Menge im ganzen Käse vorhanden sind.
Zum Kultivieren weißer Rinde wird der Käse, nach dem Salzen, 24 Stunden bei Zimmertemperatur getrocknet. Wenn er trocken ist, kommt er auf Gitterrosten in den Reiferaum oder in die Reife-Box.

Die Temperatur im Reifungsraum sollte bei 12–15 °C und die relative Luftfeuchtigkeit bei 90–95 % liegen.

Einen Tag abwarten. Dann eine Woche lang, alle 2 Tage, die Käse mit der Molke, aus der der Käse gemacht wurde, abwaschen und wenden. Die Molke muss je Liter 15 g Salz enthalten.

Wann immer Sie die Käse anfassen müssen, immer gewaschene und mit Einweghandtüchern getrocknete Handschuhe tragen.

Machen Sie das nicht, ist es sehr wahrscheinlich, dass der Käse blaue oder grüne Punkte bekommt. Das kommt vom Penicillium roqueforti, welcher ein äußerst starker und weit verbreiteter Edel-Schimmelpilz ist. Auch er findet Verwendung in der Käseherstellung, ist hier aber unerwünscht.
Nach einer Woche aufhören die Käse abzuwaschen. Es siedeln sich nun die weißen Schimmelpilze an. Durch das Abwaschen wird der Schimmelpilz Penicillium roqueforti unterdrückt und die Schmierrinde kann sich noch nicht bilden, da der Käse auf der Oberfläche noch sauer ist. Würde man weiter abwaschen, würde ein Schmierrindenkäse daraus werden.
Den Käse alle 2 Tage wenden, bis er nach rund 10 Tagen komplett mit weißem Schimmel überzogen ist. Falls dies noch nicht der Fall sein sollte, einfach weiter wenden, bis er am Ende einen schönen weißen „Schimmelrasen“ bekommen hat.

Die Endreife:

Es ist egal, ob eine natürliche Weißschimmelkultur oder die gezüchtete Kultur im Spiel war.

Wenn der Käse nach rund 10 Tagen einen kräftigen Schimmelrasen gebildet hat, wird der Käse in Käsepapier gewickelt und im Kühlschrank für 2-3 Wochen weitergereift. Die Temperatur sollte ca. 7 °C betragen. Käsepapier ist hier wichtig, damit der Käse atmen kann. Der Weißschimmel braucht Sauerstoff, ohne ihn würde er ersticken und der Schimmel würde braun werden. Der fertige Käse kann 4-6 Wochen im Kühlschrank gelagert werden. Er reift immer weiter und somit wird der Kern immer weicher und sein Geruch und Geschmack stärker.

Das Wichtigste in Kürze:

- Weißschimmelkäse immer nur mit Handschuhen anfassen.
- Diese gründlich reinigen, mit Einweghandtüchern trocknen.
- Wird aus dem Bruch nur Weißschimmelkäse gemacht, die Kulturen vor der Labzugabe in die Milch geben. Kulturen in Pulverform 30 Minuten in etwas kaltem Wasser quellen lassen.
- Wenn keine Kulturen in der Milch sind, nach dem Salzen die Käse oberflächlich trocknen lassen. Dann werden Sie mit Kulturen besprüht. Oberflächlich trocknen lassen, dann den Käse wenden und die andere Seite einsprühen.
- Die Sprühflasche unbedingt sorgfältig reinigen.
- Den Käse unbedingt auf Gittern lagern, damit der Schimmel Sauerstoff bekommt.
- Die Temperatur im Reiferaum soll bei 12-15 °C und die relative Luftfeuchtigkeit bei 90-95 % liegen. Keinesfalls mehr als 95 %, sonst siedeln sich auf dem Käse Hefen an (gelbliche Farbe).
- Den Käse alle 2 Tage mit Handschuhen wenden. Nach 4-5 Tagen sollte Schimmel sichtbar sein. Nach 10 Tagen sollte der Käse von einem Schimmelrasen überzogen sein. Falls das nicht der Fall sein sollte, weiterhin alle 2 Tage wenden, bis er einen Schimmelrasen hat. Danach in luftdurchlässiges Käsepapier einwickeln und im Kühlschrank bei 5-7 °C 2-3 Wochen reifen lassen. Der fertig gereifte Käse ist rund 4-6 Wochen haltbar.

Bei der Verarbeitung von Rohmilch gilt Folgendes:
Man braucht keine Kulturen zugeben und auch das Besprühen kann entfallen, da in der Milch bereits Geotrichum candidum enthalten ist. Nach dem Salzen den Käse 24 Stunden bei Zimmertemperatur trocknen lassen. Dann auf Gittern in den Reiferaum oder die Reifebox. Nach einem Tag den Käse eine Woche lang alle 2 Tage mit gesalzener Molke abreiben (15 Gramm Salz pro Liter). Den Käse nur mit Handschuhen anfassen. Nach einer Woche aufhören den Käse abzuwaschen, denn sonst entsteht Schmierrinde.

Schimmel-Reifung mit Penicillium roqueforti

Grundsätzliches:
Dieser Schimmelpilz breitet sich ganz von selbst aus, wenn man ihn in Ruhe lässt. Er ist einer der stärksten Pilze. Er ist sehr salzresistent und gedeiht auch bei sehr niedrigen Temperaturen. Mit ihm kann man eine äußere Reife machen oder auch eine Innere, was dann Adern wie beim Gorgonzola verursacht. Dieser Schimmel schützt den Käse vor dem späteren Befall von anderen Schimmelarten.

Wenn er noch jung ist, hat er einen schimmelbitteren Geschmack. Daher sollte der Käse mindestens 2-3 Monate reifen, um den bitteren Geschmack zu verlieren. Der Geschmack ist mit richtiger Reife würzig pikant, bis zu leicht scharf. Je nach dem, ob der Schimmel nur außen oder auch innen ist, hat der Käse auch ein edelranziges Aroma, wenn man den Schimmel mitisst. Es können alle Bruch- und Käsearten mit diesem Pilz äußerlich gereift werden. Für die innere Reife muss der Käse eine spezielle Beschaffenheit haben, dazu später mehr.

Die äußere Reife mit Penicillium roqueforti

Hierzu wird der Käse gesalzen und etwa einen Tag lang getrocknet, bis die Oberfläche nicht mehr glänzt. Dann kommt der Käse in den Reiferaum. Die Temperatur sollte 10-12 °C, die relative Luftfeuchtigkeit 93-97 % betragen. In diesem Klima fühlt sich dieser Schimmel besonders wohl.

Achten Sie darauf, dass es nicht trockener wird, da der Käse sonst zu schnell trocknet und der Schimmel schlechter wächst. Der Käse wird nun alle 2 Tage gewendet. Nach etwa einer Woche bildet sich zuerst eine weiße Schimmeloberfläche, die sich mit den Tagen dann rasant in eine blau-grüne Oberfläche verändert. Es kann auch ein leichter Grauschimmer entstehen. Der Käse wird weiterhin alle 2 Tage gewendet. Zum einen verteilt sich dadurch die Flüssigkeit im Käse gleichmäßig und er reift auch außen gleichmäßiger.

Wenn der Käse stark mit Schimmel bewachsen ist, wird er unter fließendem Wasser mit einem Tuch sauber gemacht und oberflächlich trocken getupft. Den trockenen Käse, mit einem Tuch, das in Salzlake (30 g Salz je Liter) getaucht wurde abwaschen. Das dient dazu, um andere Schimmelkulturen zu verdrängen. Falls der Käse noch weiß ist, wird der Käse weiter mit Schimmel gereift.

Sobald der Käse gelb ist, heißt das, dass er schon eine feste Rinde bekommen hat.

Der Käse kann dann mit einer Paste aus Öl und Wachs oder nur mit Öl behandelt werden, um ein Reißen der Rinde zu verhindern. Wie das funktioniert, folgt später ab Seite 79.

Durch das Behandeln mit dieser Paste wird auch die Reife durch den Schimmelpilz reduziert. Der Käse wird auch nach der Behandlung mit Öl-Wachs-Paste wieder schimmeln. Dieser Schimmel kann darauf bleiben. Der Käse wird bis zum Erreichen des gewünschten Reifegrads weitergereift. Bei Verwendung von Öl-Wachs-Paste, sollte die Oberfläche dauerhaft vor Rissbildung geschützt sein. Aber auch hier sollte bei jedem Wenden die Oberfläche kontrolliert und bei Bedarf nachgeschmiert werden. Wenn man den Käse nur mit Öl einschmiert, ist die Gefahr von Rissbildung höher. Deshalb bei starkem Schimmelbewuchs den Käse abwaschen und auf Risse kontrollieren. Den Käse mit Salzlake (30 g Salz pro Liter) abreiben, trocknen lassen und erneut mit Öl einschmieren.

Bis die Endreife erreicht ist, alle 7 Tage wenden. Auf dem Käse bildet sich, nach dem Abwaschen, erneut zuerst weißer Schimmel, der sich dann wieder ins Blaugrüne verändert. Die Käse, deren Oberfläche überhaupt nicht oder nur mit Öl eingeschmiert wurden, werden, wenn sich starker Schimmel gebildet hat, immer wieder abgewaschen und auf Risse kontrolliert.
Die Oberfläche wird im Verlauf der Reifung mit unterschiedlichen Farben fleckig, siehe Bild im Pecorino-Rezept Seite 160.
Die Reifezeit von weichen Käsen liegt zwischen 1-3 Monaten. Bei harten Käsen kann sie, wenn erwünscht, sogar mehrere Jahre betragen.
Sobald die gewünschte Reifedauer erreicht ist, kann der Käse oberflächlich getrocknet, mit einem Messer abgeschabt und verpackt werden.
Wenn der Käse lange gereift wird, ist es auf jeden Fall ratsam, ihn mit Öl-Wachs-Paste oder Öl einzureiben. Das schützt ihn vor dem Reißen und Austrocknen. Falls der Käse Risse haben sollte, die Risse besonders gut mit der Paste ausfüllen. Das verhindert, dass sich Schimmel im Inneren ausbreiten kann, da der Sauerstoff fehlt.

Das Reifen bei niederer Luftfeuchte

Falls Sie auch andere Käse im Raum reifen, welche eine niedere Feuchte brauchen, funktioniert das auch. Die Vorgehensweise mit der Schimmelbildung und das Wenden sind derselbe Prozess wie bei der richtigen Feuchte. Nach dem ersten Abwaschen des Käses, die Oberfläche gut betrachten, ob diese bereits gelb ist oder gar schon Haarrisse aufweist. Ist dies noch nicht der Fall, geht die Reife wie vorhin beschrieben weiter.

Wenn es trockener ist, ist die Gefahr größer, dass der Käse recht früh Risse bildet. Falls Sie Haarrisse erkennen, dann den Käse unbedingt einbalsamieren, um ein Reißen der Rinde zu verhindern. Die Beschreibung finden Sie ab Seite 79 unter:
"Öl-Wachs-Paste zum Einbalsamieren von Käse"
Der Käse wird nun wöchentlich gewendet. Es kann erneut blaugrüner Schimmel auftreten, das ist für die Reifung und Vermeidung anderer Schimmelarten gut.
Da die Oberfläche nun kein Salz enthält, können auch anders farbige Schimmelarten auftreten. Das ist aber nicht weiter schlimm, da der Käse bereits eine harte Rinde hat und der Schimmel nicht ins Innere des Käses gelangen kann. Der Pecorino ist ein typischer Käse mit einer „bunten" Oberfläche. Falls die Paste rissig werden sollte, erneut mit zusätzlicher Paste einschmieren, und weiter reifen lassen, bis der Käse die gewünschte Reife erhalten hat.
Nach erfolgter Endreife schaben Sie die Paste mit einem Messer vom Käse ab, bis dieser eine schöne und saubere Oberfläche bekommen hat. Sie können den Käse nun anschneiden und essen oder auch direkt in Vakuumbeutel verpacken.

Die innere Reife mit Penicillium roqueforti

Bei der inneren Reife wird der Milch die Schimmelkultur Penicillium roqueforti zugegeben. Der Bruch wird normal bereitet, nur nach der Bruchherstellung wird wesentlich länger gekäst. Als das Käsen bezeichnet man die Phase, nach dem der Bruch gemacht wurde. Also die Zeit während der Bruch in der Molke bleibt und weitere Verfahrensschritte gemacht werden. Bei der inneren Reifung ist es wichtig, dass der Bruch die Säuerung in der Molke und bevor er in die Form kommt vollzieht. Hierzu muss der pH-Wert gemessen werden, er sollte 6 sein. Das Ziel ist es, einen trockenen Bruch zu bekommen, der später in der Form nicht mehr säuert und somit keine Feuchtigkeit durch Säuerung mehr austritt. Dazu wird die Bruchmasse immer wieder

gerührt, damit die Bruchkörner nicht zusammenkleben. Die Temperatur der Molke wird aufrechterhalten, um eine schnelle Säuerung zu gewährleisten. Das dauert je nach Starterkultur und Temperatur unterschiedlich lange.
Den Bruch zwischendurch immer wieder lockern, damit er gut abtropfen kann. Bei einigen Macharten muss der Bruch auch außerhalb der Molke säuern. Dann muss er auch warm gehalten werden, um eine schnelle Säuerung zu gewährleisten. Der Bruch sollte am Ende einen pH-Wert von 6 haben. Erst dann wird der Bruch in die Form gefüllt.
Hier wird nicht zu stark gestopft, so dass im Bruch noch Löcher sind. Diese Löcher sind wichtig, damit der Schimmel Sauerstoff bekommt. Den Käse in den ersten 24 Stunden 4 mal wenden, damit er eine schöne Form bekommt und die restliche Molke gut abfließen kann.
Wenn der Käse fest geworden ist, kommt er aus der Form und wird gesalzen. Durch das Fehlen der Molke werden diese Käse später etwas salziger, da kaum Salz durch das Abtropfen verloren geht.
Der Käse wird nun ohne Form 24 Stunden getrocknet, dabei 4 mal wenden.

Die Behandlung im Reiferaum:

Der Käse wird nun im Reiferaum, bei 10-12 °C und 93-97 % Feuchte, eine Woche lang gereift. Dabei alle 2 Tage wenden. Nach dieser Vorreife werden zusätzlich Löcher in den Käselaib gemacht. Je mehr Löcher, umso mehr Schimmeladern bekommt der Käse. Durch diese Löcher gelangt Sauerstoff ins Innere des Käses und der Schimmel kann gut wachsen. Zum Löchern verwendet man einen Schaschlikspieß aus Holz oder Stahl.

Aber die Löcher nicht mit der Spitze voraus machen, sondern mit der flachen Seite.

Mit der Spitze würden sich die Löcher wieder verschließen. Der Käse wird vom Deckel und Boden aus, zur Mitte hin durchlöchert. Der Abstand der Löcher liegt bei 2-4 cm, je nachdem, wie stark Sie die innere Reife haben wollen.

Der durchlöcherte Käse kommt nun in den Reiferaum zurück, wo er bei 10-12 °C und 93-97 % Luftfeuchte rund 2-4 Wochen mit Sauerstoff reifen darf. Der Käse wird dabei alle 2 Tage gewendet. Genaue Angaben, wie lange die Reife dauert, kann ich Ihnen nicht geben. Weil die Beschaffenheit des Bruchs, das Klima, die Lochgröße und der Luftaustausch eine große Rolle spielen. Da brauchen Sie einfach etwas Erfahrung.

Da der Käse für gewöhnlich nur eine innere Schimmelreife bekommen soll, wird, sobald sich an der Oberfläche Schimmel bildet, dieser mit einem Messer abgeschabt. Darauf achten, dass Sie die Luftlöcher dabei nicht verschließen, ansonsten erstickt der Schimmel im Inneren.

Man kann den Käse, wenn erwünscht, aber auch noch äußerlich mit dem Penicillium roqueforti reifen lassen, dazu einfach den Schimmel an der Oberfläche gedeihen lassen.

Der Käse reift solange mit Sauerstoff, bis Ihr Auge/Gefühl Ihnen sagt „das reicht an Schimmel".

Wenn die Reife mit Sauerstoff nach 2-4 Wochen fertig ist, kommt der Käse in den Kühlschrank (2-5 °C). Es muss nun sichergestellt sein, dass der Käse keinen Sauerstoff mehr bekommt. Dazu können sie entweder den ganzen Käse in Folie einwickeln oder ihn vakuumieren. Alternativ den ganzen Käse in Wachs einhüllen und somit eine sauerstofffreie Umgebung schaffen.

Der Käse reift nun weitere 2-12 Monate, dabei verliert er sein schimmelbitteres Aroma und erlangt die volle Reife.

Doppelschimmelkäse durch innere und äußere Reife

Hier kommen zwei Pilzarten zum Einsatz. Der Penicillium roqueforti für die innere Reifung und der Penicillium candidum oder Geotrichum candidum für die äußere Reifung. Dieser Käse ist also eine Mischform zwischen weißem Edelschimmel und blau-grünem Edelschimmel. Der Käse wird aromatisch, würzig, leicht scharf mit champignonähnlichem Geschmack und Duft.

Nach dem Erwärmen der Milch werden die Schimmelsporen des Penicillium roqueforti hinzugefügt. Der Bruch wird wie im Rezept angegeben hergestellt. Das Käsen dauert etwas länger, damit der Bruch stärker gesäuert in die Form kommt. Die Formen füllen, dabei den Bruch nicht zu stark drücken und mehrfach wenden. In der Form 12 Stunden bei Zimmertemperatur stehen lassen. In den ersten 2 Stunden mehrfach wenden. Nach 12 Stunden den Käse aus der Form nehmen und trocknen lassen.

Den Käse trocken salzen und einen Tag zum Trocknen auf einen Gitterrost legen. Dabei mehrfach wenden.

Wenn der Käse oberflächlich trocken ist, wird der Käse an der Seite, mit einem Schaschlikspieß aus Holz oder Metall, mit der flachen Seite voraus durchlöchert. Traditionell bekommt der Käse nur wenige Schimmeladern, also den Abstand der Löcher auf 5 x 5 cm einstellen. Wenn Sie mehr oder weniger machen wollen ist das auch möglich.

Der Käse kommt nun in den Reiferaum bei 10-12 °C und einer Luftfeuchte von 90-95 %. Er reift nun 4 Tage, dabei alle 2 Tage wenden.

Danach wird der Käse, sofern sich an der Oberfläche blau-grüner Schimmel gebildet haben sollte, gefühlvoll mit einem Messer abgeschabt. Die Löcher müssen offenbleiben. Anschließend besprühen Sie den Käse einmal an der Oberfläche mit einer Lösung aus Wasser, 5 % Salz (50g pro Liter) und der doppelten Menge an weißen Edelschimmelkulturen wie für das Besprühen. Die Angaben über die benötigte Normalmenge finden Sie auf dem Produkt. Sollte nur die Menge für das Impfen der Milch angegeben sein, dann nehmen sie die dreifache Menge. Auch die Seitenfläche damit einsprühen, aber achten Sie darauf, dass Sie auf der Seitenfläche des Käses, **nicht direkt in die Löcher spritzen**, sondern schräg von oben nach unten sprühen.

Den Käse oberflächlich trocknen lassen und wenden. Dann die andere Seite besprühen und wieder trocknen lassen. Immer wenn Sie mit weißem Edelschimmel zu tun haben, sollten Sie Handschuhe tragen, die zuvor gut gereinigt und mit Einweghandtüchern getrocknet wurden.

Der Käse wird nun im Reiferaum mit denselben Bedingungen weiter gereift, bis er einen leichten weißen Schimmelrasen bekommen hat. Dann wird er mit Handschuhen gewendet. Die Reife im Reiferaum dauert rund 2 Wochen. Die Dauer variiert ein wenig, da sagt Ihnen Ihr Auge, wann es so weit ist.

Es kann vorkommen, dass der Käse Flecken vom grünen Schimmel bekommt, dann war die Impfung mit Weißschimmel zu gering. Erhöhen Sie beim nächsten Mal die Menge an Weißschimmelkulturen zum Besprühen.

Wenn der ganze Käse mit einem dichten weißen Schimmelrasen überwachsen ist, wird er in Käsepapier eingepackt, er muss atmen können. Reifen Sie den eingepackten Käse bei 2-5 °C für 2-3 Wochen im Kühlschrank. Der Käse kann nun angeschnitten und verzehrt werden.

Da wir es mit Lebensmitteln zu haben, kann es durchaus vorkommen, dass die Reife anders verläuft und der Schimmel im Inneren noch eine bittere Note hat. Dann lassen Sie den Käse einfach weiter im Kühlschrank reifen. Nach weiteren 2 Wochen sollte der Käse dann fertig sein.

Trockene Reifung

Diese Reifungsart eignet sich nur für Hart- und Schnittkäse, da sie eine harte Rinde bekommen und im Kern recht trocken sind. Bei dieser Reifung wird die Oberfläche durch Abwaschen mit Salzwasser behandelt.

Bei richtig hart gekästen Sorten, wie z.B. Bergkäse, funktioniert diese Technik recht gut. Bei weicheren Schnittkäsen ist es immer ein Kampf zwischen zu feucht und somit Schimmel oder zu trocken und somit austrocknen des Käses, was Risse zur Folge hat. Falls Risse auftreten, muss man den Käse sofort einölen oder mit der Wachs- Öl-Paste einschmieren. Siehe ab Seite 79.

Wie die Oberfläche behandelt wird:

Der Käse wird wie immer nach dem Salzen oberflächlich gut getrocknet. Er kommt dann in den Reiferaum auf Gitterroste, wo er weiter trocknen kann. Die Temperatur sollte bei 10-15 °C und die Feuchtigkeit bei 78-80 % liegen. Der Käse wird in der ersten Woche alle 2 Tage gewendet, um eine gleichmäßige Trocknung zu gewährleisten. Nach etwa einer Woche kann sich weißer Schimmel bilden. Diesen lässt man eine Woche lang darauf, um die Oberfläche zu entsäuern. Aber nur den weißen Schimmel, wenn Sie Verfärbungen sehen, direkt abwaschen.

Danach werden die Käse alle 3 Tage mit einer Salzlake, die 60 g Salz pro Liter enthält, abgewaschen um den Schimmel zu unterdrücken. Sollte trotz dem Abwaschen Schimmel auftreten, den Käse öfter waschen und wenn möglich, die Feuchtigkeit auf 76 % senken.

Das Abwaschen kann man gleichzeitig noch dazu nutzen, um dem Käse eine geschmackliche Note zu geben. Dazu verwendet man anstelle der Molke eine Flüssigkeit wie Wein, Bier, Kräutertee, Most, Obst-/Weinbrände oder Sojasoße. Da Sojasoße schon Salz enthält, den Salzgehalt entsprechend auf 60 g je Liter anpassen.

Bitte darauf achten, dass die Flüssigkeit keinen Zucker enthält. Der Alkohol hilft auch den Schimmel zu unterdrücken. Den Käse nach jedem Abwaschen wenden. Die Rinde wird immer fester und härter. Sobald der Käse außen gelb wird, kann man mit dem Abwaschen aufhören, es sollte sich kein Schimmel mehr bilden, ansonsten wieder abwaschen.

Fazit: Diese Reifeart wird hauptsächlich aus optischen Gründen gemacht, um den Käse schimmelfrei zu halten. Je härter ein Käse ist, umso weniger Einfluss hat der äußere Schimmel auf den Geschmack des Käses. Harte Käse lassen sich auch einfacher schimmelfrei halten als Schnittkäse.
Da Schnittkäse immer einen höheren Wasseranteil hat, ist auch die Oberfläche feuchter und somit anfälliger für Schimmel. Sie nimmt aber auch einfacher Geschmack auf. Insbesondere der Geschmack des Schimmels, der in die Rinde wächst.
Bei Schnittkäsen ist die Reife in Wachs oder mit Rotschmiere die bessere Wahl. Bei harten Schnittkäsen wirkt sich die Rotschmiere kaum auf das Aroma aus, ergibt jedoch eine schöne Rinde. Das Wachs hält die Rinde schimmelfrei und da die Reife von Schnittkäse ohnehin ohne Sauerstoff geschieht, hat das Wachs keinen negativen Einfluss auf die Reifung. Sie haben dadurch auch keinerlei Pflegeaufwand, außer wie bei jeder Reifeart, den Käse zu wenden.

Reifung in Lake

Der bekannteste Käse, der auf diese Weise gereift wird, ist der Feta-Käse aus Griechenland. Der Käse wird dazu portionsweise in ein Gefäß gegeben und mit einer Salzlake übergossen (100 g Salz je Liter).
Hier haben Sie die Wahl, ob sie das traditionelle Verfahren anwenden, also mit gesalzener Molke oder mit einer Lake aus Wasser verfahren wollen. Hier ist es wichtig, dass die Lake denselben pH-Wert wie der Käse

hat. Ist die Lake weniger sauer (pH-Wert höher) wird der Käse weich bis sogar zerfließend. Ist der Säuregrad gleich groß, bleibt der Käse in seiner festen Konsistenz.
Wenn Sie mit der Molke arbeiten, ist es sehr einfach, da sie **ungesalzen** denselben pH-Wert bildet wie der Käse. Dazu muss die Molke im selben Raum gelagert werden, damit die Milchsäuregärung gleich schnell abläuft. Im selben Raum deswegen, da dann dieselbe Temperatur vorhanden ist. Wenn Sie mit Wasser arbeiten wollen, müssen Sie durch Zugabe von Essig, Zitronen- oder Milchsäure dem Wasser die Säure zugeben.

Einstellen des pH-Wertes der Lake:

Messen Sie als erstes den pH-Wert vom Käse, indem Sie einen Messstreifen auf die Oberfläche des Käses legen. Nun gilt es genau diesen pH-Wert zu erreichen. Es ist aber besser, die Lake etwas saurer zu machen, (pH-Wert niederer) da der Käse noch nachsäuern könnte. Dazu müssen Sie sich an den pH-Wert herrantasten.

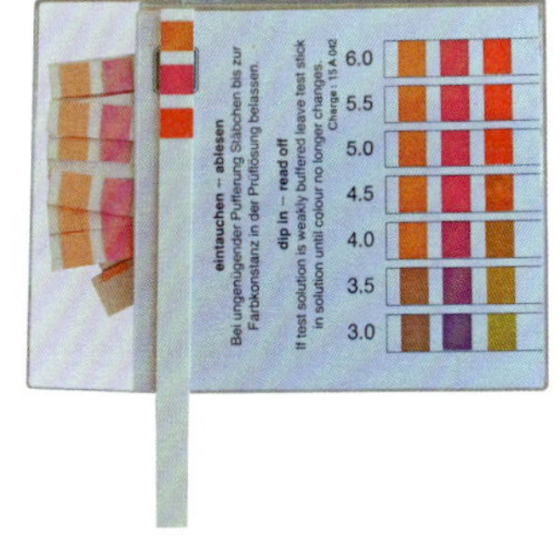

Um ein Gefühl dafür zu bekommen, sollten Sie den pH-Wert des Wassers messen und dann pro Liter Wasser 1 g Säure zugeben. Den pH-Wert erneut messen, dann sehen Sie, wie stark er sich verändert hat. Je nachdem, wie stark die zugegebene Säure ist, verändert sich der Wert stärker oder schwächer. Ich kann Ihnen daher keine genauen Angaben geben. Notieren Sie sich die Werte die Sie daraus erhalten. Also welchen Wert Sie erreichen wollen, welche Art von Säure Sie verwendet haben (Essig, Zitronen- oder Milchsäure), welchen Prozentsatz die Säure hat und wie viel Sie davon gebraucht haben, um den gewünschten pH-Wert zu erhalten. Auf diese Art ist das genaue Einstellen in Zukunft wesentlich einfacher.
Als groben Richtwert für die erforderliche Lake-Menge können Sie damit rechnen, dass Sie 2 Teile Käse und einen Teil Lake haben.

Das Einschichten in das Gefäß: Dazu wird der Käse gewürfelt oder in Portionen geschnitten. Die Portionsgrößen werden entweder an die Gefäßgröße oder an die von Ihnen gewünschte Verzehrmenge angepasst. Diese Portionen werden nun schichtweise in das Gefäß gegeben. Hier eignen sich vor allem Gläser. Sie sind leicht zu reinigen und man sieht auch was im Glas passiert. Sie können aber auch ein Gefäß aus Keramik oder aus Kunststoff verwenden.

Keinesfalls aus Metall, da dieses anfangen könnte zu oxidieren. Es kann vorkommen, dass der Käse noch etwas gärt, das würden Sie an Gasbläschen erkennen. Dieses Gas muss entweichen können. Dazu anfangs alle paar Tage die Gläser ansehen, ob Sie Bläschen erkennen. Wenn ja, den Deckel öffnen, um das Gas entweichen zu lassen. Dieser Gärprozess legt sich dann aber. Vor dem Befüllen mit Käse etwas Salzlake in das Gefäß geben, damit auch sicher überall Lake um den Käse ist. Um später den Käse besser entnehmen zu können, können Sie entweder Pergamentpapier oder Frischhaltefolie zwischen die einzelnen Schichten legen.

Der Käse sollte dazu etwas mit Lake bedeckt sein. Dann die Folie oder das Pergamentpapier darauf legen und die nächste Schicht Käse darüber. Das führen Sie fort, bis das Gefäß voll ist. Füllen Sie das Gefäß vollkommen auf, damit am besten keine Luft darin ist. Je mehr Luft im Gefäß ist, umso größer ist die Gefahr, dass sich an der Oberfläche Hefen bilden.

Das Gefäß wird nun bei Temperaturen unter 10 °C gelagert. Je höher die Temperatur ist, umso schneller reift der Käse darin. Die Mindestreife beträgt 6 Wochen. Zuvor hat der Käse nur die typische Säure aber kaum Käsearoma. Nach 2 Monaten hat er normalerweise dann sein typisches Aroma entwickelt.

Da die Lake für den Genuss zu salzig ist, ist es ratsam, den Käse vor dem Genuss in Wasser zu legen, um ihm das überschüssige Salz zu entziehen. Der Käse wird dadurch auch etwas weicher. Wenn Sie das nicht wollen, dann muss der pH-Wert vom Wasser, an den von der Lake, in der der Käse reifte, angeglichen werden.

Tipp:
Damit Sie in Zukunft immer den perfekten, auf diese Weise gereiften Käse haben, notieren Sie sich das Gewicht des Käse den Sie entsalzen wollen. Messen Sie die Wassermenge ab und notieren Sie auch die Zeit, die es braucht, bis der Käse, den für Sie perfekten Salzgehalt hat. Da dem Käse von außen nach innen das Salz entzogen wird, schmeckt er im Inneren, direkt nach dem Entsalzen, salziger als im äußeren Bereich.
Lassen Sie daher dem Käse etwas Zeit an der Luft, er wird zum einen noch aromatischer und der Salzgehalt gleicht sich aus.
Notieren Sie sich auch die Zeit, die er zum Ausgleichen braucht. Am einfachsten und besten ist es aber, wenn Sie den Käse erst am nächsten Tag essen.
Dann können Sie ihn unter der Käseglocke im Kühlschrank noch atmen lassen. Lassen Sie ihn zuvor an der Oberfläche trocknen bzw. trocknen Sie ihn mit einem Küchenkrepp ab.
Der „entsalzene" Käse ist im Kühlschrank 3-4 Tage haltbar.

Reifung in Öl

Nachdem der Käse gesalzen wurde, muss dieser absolut trocken sein. Dazu nach dem Salzen 2 mal am Tag wenden. Die Temperatur sollte 22-24 °C betragen und die Luftfeuchte unter 75 % liegen. Der Käse darf nicht mehr nässen, da er sonst im Öl verderben könnte.
Den trockenen Käse in Stücke schneiden, so dass er am besten in das Gefäß passt, welches später mit Öl gefüllt wird.
Sie können ihn auch gleich mundgerecht zuschneiden, so wie Sie ihn später beim Essen haben wollen. Gläser eignen sich zur Reife in Öl besonders, da Sie es dann sehen, falls bei der Reife etwas schief gehen sollte.
Sollte der Käse nicht richtig vorgereift sein, kann Molke austreten, die sich am Boden des Glases absetzen würde. Sollte dies der Fall

sein, muss der Käse aus dem Glas genommen und nochmal luftig getrocknet werden. Die Molke kann zum Verderb führen, deswegen muss ein neues Glas mit Öl befüllt werden. Wenn erwünscht, können bei dieser Reife auch Kräuter und Gewürze zugegeben werden, um so den Käse zu aromatisieren.
Bei der Reifung in Öl ist es wichtig, dass im Gefäß so wenig Luft wie möglich ist.
Für eine langsame Reifung verwenden Sie am besten einen Kühlschrank als Lagerort. Falls der Käse schneller reifen soll, können Sie den Käse auch in einem dunklen Raum bei maximal 10 °C lagern.

Der Käse sollte mindestens 2 Monate reifen, da er sonst nur ein schwaches Eigenaroma aufweist und mehr nach den Gewürzen und Kräutern schmeckt. Das können Sie selbst festlegen und Sie können den Käse auch weiter reifen lassen. Dazu ist es wichtig, den Käse mit einem sauberen Gegenstand dem Glas zu entnehmen, damit keine Verunreinigungen in das Öl gelangen. Das Glas dann wieder mit Öl befüllen, damit nach wie vor wenig/keine Luft darin ist.

Wurde der Käse nur im Kühlschrank bei maximal 2-5 °C gelagert, kann dieser rund ein Jahr gelagert werden.

Pflege von Käse während der Reifung

Während der Reife bedürfen die Käse einiger Pflegemaßnahmen. Das Wenden ist wichtig, um eine gleichmäßige Verteilung der Feuchte im Inneren zu gewährleisten und damit die Oberflächen gleichmäßig reifen. In den ersten Wochen werden die Käse alle 2 Tage gewendet. Später nur noch einmal pro Woche. Je nach Reifungsart werden die Käse mit gesalzenen Flüssigkeiten abgewischt. Das dient dazu um die Oberfläche feucht zu halten, um die Besiedelung mit Weißschimmel oder Schmierrinde zu fördern und um die Rinde schimmelfrei zu halten.

Die Käse vor Austrocknung/Rissen schützen

Wenn ein Käse offen reift, also ohne Schimmel, ohne Rotschmiere oder nicht mit Wachs ummantelt, wird er nach einigen Tagen außen gelb. Das ist ein Anzeichen, dass er außen trocken ist. Wenn der Käse außen trockener als innen ist, besteht die Gefahr, dass der Käse Risse bekommt. Das würde zu Schimmelbefall im Inneren des Käses führen, was wiederum im ungünstigsten Fall zum Verderb des Käses führen könnte. Zugluft sollte immer vermieden werden, da sie zu einem raschen Reißen der Käse führt. Der Käse sollte zwar luftig gelagert werden, aber es sollte keine große Luftbewegung geben.

Öl-Wachs-Paste zum Einbalsamieren von Käse

Wenn die Käse eine gelbe Farbe bekommen, ist es an der Zeit sie vor dem Austrocknen zu schützen. Dazu werden die Käselaibe mit einer Paste aus Bienenwachs und Öl eingeschmiert. Das Öl in der Paste hält die Käse geschmeidig und das Wachs schützt sie vor einem weiteren Austrocknen. Diese Anwendung wird normalerweise nur einmal gemacht. Diese Schutzschicht schützt den Käse, bis er fertig gereift ist. Sollten Sie trotzdem sehen, dass der Käse Risse bekommt, da er zu stark austrocknet, obwohl die Feuchtigkeit im Reiferaum korrekt ist, können Sie den Käse erneut mit der Paste einschmieren. Es schadet dem Käse nicht, wenn man das öfter macht. Die Reife geschieht nämlich im Inneren des Käses, somit spielt es keine Rolle, wenn der Käse außen versiegelt ist.

Herstellung der Paste:

- 50 g Bienenwachs sanft erwärmen bis es schmilzt.
- Dann 100 g Speiseöl Ihrer Wahl untermischen.

In ein Wasserbad stellen, damit es schneller abkühlt, dabei immer rühren, damit es eine gute Verbindung und eine glatte Masse gibt. Diese Mischung ist anfangs flüssig und wird später eine zähe, dicke Masse. Lassen Sie die Masse nur soweit abkühlen, dass Sie sie noch gut verarbeiten können.

Tragen Sie zur Verarbeitung am besten Einweghandschuhe, da die Masse klebrig und ölig ist. Verwenden Sie einen Teigschaber, einen spachtelähnlichen Gegenstand oder einfach die Hände, um die Paste auf den Käse zu schmieren.

Insbesondere Vertiefungen und Löcher damit zuspachteln, damit kein Schimmel in den Käse eindringen kann. Die Käse auf zwei bis drei übereinanderliegende Blätter Schreibpapier legen. Ein Karton eignet sich nicht, da wegen dem Recycling manchmal chemische Rückstände und Gerüche darin enthalten sind. Schreibpapier ist rein und sauber. Auch Käsepapier ist dafür bestens geeignet. Das Papier dient zum Schutz der Gitterroste vor der Paste, die anfangs noch klebrig ist. Diese Klebrigkeit verliert sich mit den Tagen.

Dann kann das Papier wieder entfernt werden, damit überall Luft an den Käselaib kommt. Die Käse wie gewohnt in den ersten 6 Wochen alle 2 Tage wenden. Verwenden Sie auch hier Einweghandschuhe, damit Ihre Hände sauber bleiben. Diese können Sie auch mehrfach für diese Arbeit verwenden. Je nach Luftfeuchte kann erneut Schimmel auftreten. Diesen können Sie aber getrost darauf lassen. Der Schimmel gelangt nicht in den Käse, da die Rinde bereits hart ist. Erst wenn der Käse seine Reife abgeschlossen hat, wird er mit einem Messer abgeschabt.

Die Alternative mit Öl

Sie können aber auch nur mit Speiseöl arbeiten. Dazu verwenden Sie ein Tuch und reiben damit den Käse gut ein. Hier müssen Sie dann aber mehrfach Öl auftragen. Denn das Öl zieht recht schnell in den Käse ein und er trocknet wieder aus. Sie sehen es dem Käse deutlich an, wenn er wieder trocken wird, er glänzt dann nicht mehr. Der Vorteil dieser etwas aufwändigeren Art ist, dass der Käse leichter wieder abgewischt/abgewaschen werden kann.

Die Reife in Wachs

Die Reife in Wachs verhindert Austrocknung und Schimmel. Der Käse reift ohne äußere Einflüsse von innen nach außen. Auf diese Weise eingepackte Käse sind sehr pflegeleicht. Sie sind somit komplett geschützt, sei es vor mechanischer Beschädigung, Schimmel oder Insekten. Sie brauchen nur regelmäßig gedreht zu werden. Hier muss man nur auf die Temperatur achten, die Feuchtigkeit im Raum spielt keine Rolle.

Bevor der Käse ins Wachs kommt, muss er oberflächlich sauber und trocken sein. Dann wird er in ein Sieb gegeben und rund 5 Sekunden lang in kochendes Wasser gegeben. Das kochende Wasser dient dazu, Schimmelsporen abzutöten.

Vorsicht! Nicht dass Sie sich dabei verbrühen.

Dann wird der Käselaib in Bienenwachs oder in lebensmittelechtes Wachs getaucht.

Am besten funktioniert das in einer großen beschichteten Pfanne. Das Wachs sollte so warm sein, dass es gut fließt, aber nicht dünnflüssig ist. **Vorsicht! Sehr heißes Wachs (dünnflüssig) kann zu Verbrennungen führen.** Je dünnflüssiger das Wachs, umso dünner wird die Wachsschicht. Falls der Käse eine raue Oberfläche haben sollte, ist es besser, das Wachs heißer zu machen, damit das Wachs in jede Vertiefung gelangt. Verwenden Sie dazu unbedingt Einweghandschuhe. Es wäre sehr mühsam das Wachs von den Fingern wieder wegzubekommen.

Behandeln Sie zuerst die Ober- und Unterseite des Käselaibes. Lassen Sie das Wachs fest, aber nicht hart werden. Erwärmen Sie das Wachs in der Pfanne, dann stellen Sie den Käse auf der Seitenfläche in die Pfanne. Nun drehen Sie den Käse auf der Seitenfläche durch das Wachs und schließen somit den ganzen Käse. Das Wachs sollte etwas wärmer sein, damit sich das Seitenteil besser mit der Unter- und Oberseite verbindet. Sollten Risse entstehen, kann man diese mit einem Heißluftfön oder flüssigem Wachs verschließen.
Allgemein gilt: Je fester das Wachs ist, desto dicker wird die Schutzschicht um den Käse. Es lässt sich dann aber eher weniger gut auftragen und verbindet sich weniger gut mit bereits erkaltetem Wachs. Falls sich ein Teil je nicht richtig verbunden haben sollte, kann man mit einer Lötlampe, bei schwacher Flamme, das Wachs vorsichtig erwärmen, bis es sich verbunden hat. Als grober Anhaltspunkt zur Wachsmenge brauchen Sie für einen 3 kg Käse ca. 200 g Wachs.

Räuchern

Generell kann jeder Käse geräuchert werden. Allerdings kann, je nach gewünschter Reifeart, nicht jedes Räucherverfahren bei jedem Käsetyp angewendet werden. Wenn gereifter Käse geräuchert werden soll, sollte bei Schmierrindenkäsen die Oberfläche mit Wasser gereinigt und getrocknet werden. Wenn der Käse in Wachs gereift wurde, wird das Wachs entfernt, der Käse getrocknet und erst dann geräuchert. Bei der Reife in Öl-Wachspaste muss der Käse mit einem Messer abgeschabt werden.

Beim Räuchern gibt es drei unterschiedliche Arten.

Zart aromatisieren, aber ohne Rauch und ohne Färbung, um nur Raucharoma in den Käse zu bringen. Dieses Verfahren kann bei jeder gewünschten Reifeart eingesetzt werden, ohne die Reifung zu beeinträchtigen.
Das traditionelle Räuchern mit Rauch, was ein kräftiges Raucharoma und Farbe gibt. Dieses Verfahren eignet sich nur, wenn die Reife bereits abgeschlossen ist, oder wenn der Käse nur innerlich gereift wird.

Dem Käse einen Duft nach Rauch und eine kräftige Farbe zu verleihen, aber kaum Raucharoma im Innern des Käses zu haben. Diese Art dient im Grunde nur der Optik und der Konservierung, nach Abschluss der äußeren Reife.

Zartes Aromatisieren:

Wenn man den Käse nur mit einem ganz zarten Aroma versehen will, gibt man den Käse nach der Formgebung in einen Räucherschrank, in dem zuvor einmal geräuchert wurde. Es reicht, wenn nur der Geruch nach Rauch im Schrank ist, es braucht keinen Rauch darin. Den Käse dann 4 Tage darin reifen lassen. Achten Sie darauf, dass die Temperatur und die Feuchte die Werte haben, wie sie für die spätere Reife für den Käse erforderlich sind. Die Werte finden Sie im Rezept des jeweiligen Käsetyps.
Solange der Käse im Räucherschrank ist alle 12 Stunden wenden. Riechen Sie dabei immer am Käse, ob er bereits die Stärke an Raucharoma angenommen hat, wie sie es haben wollen. Bedenken Sie, mit fortlaufender Reife verringert sich der Duft, doch der Geschmack und Duft wandern auch ins Innere des Käses.

Sehr wichtig für den Reifeort:

Solange der Käse noch jung und somit feucht ist, nimmt er Gerüche jeglicher Art sehr schnell auf. Das gilt nicht nur für Raucharoma, sondern jegliches Aroma. Deswegen aufgepasst, welche Gerüche dort herrschen, wo Sie ihre Käse reifen lassen.

Traditionelles Räuchern

Hierfür gibt es zwei Gründe:

- Wegen dem Geschmack, dem Duft und der Farbe.
- Um die Haltbarkeit zu verbessern.

Vorgehensweise um Aroma, Duft und Farbe zu bekommen:

Hierzu werden die Käse im jungen noch „feuchten“ Stadium nach der Bildung der Rinde geräuchert. Das Räuchern dient vor allem dem Geruch und Geschmack, unterstützt aber zusätzlich auch die Haltbarmachung durch Trocknung.

Hier sollte man aber aufpassen. Denn zu starkes Räuchern führt zum einen zu einem heftigen Aroma und es trocknet die Käse stark aus, was die spätere Reife stören könnte.

Der Käse wird auf Holzgitterroste oder Metallroste gelegt, die aber kein Nickel enthalten dürfen. Ist Nickel im Metall enthalten, bekommt der Käse an den Stellen, an denen er das Metall berührt, blaugrün-schwarze Stellen.

Das liegt daran, dass das Fett das im Käse enthalten ist, den Nickel aus dem Metall herauslöst. Nickel ist gesundheitsschädlich und zusätzlich hinterlässt es auch einen unangenehmen Metallgeschmack.

Am besten verwendet man ein Metall, das lebensmittelecht lackiert oder mit Kunststoff ummantelt ist. Auch Kunststoff oder Holz eignet sich, um die Käse darauf zu räuchern.

Der Käse nimmt vor allem an der Oberseite die Farbe an. Daher muss der Käse nach jedem Räuchergang einmal gewendet werden, denn sonst hat er nur einseitig Farbe. Der Geschmack verteilt sich mit den Tagen im ganzen Käse. Auch die ursprüngliche Schärfe des Rauches legt sich mit der weiteren Reife.

Als groben Anhaltspunkt für die Anzahl der Räuchergänge bei 6 Stunden Rauchdauer (65 g Räucherspäne):

- **Für ein dezentes Raucharoma:** 1 mal räuchern. Dabei den Käse nach der halben Zeit wenden, damit er eine gleichmäßige Farbe bekommt.
- **Für ein mittelstarkes Aroma:** 2 mal räuchern und nach dem ersten Räuchergang wenden.
- **Für ein kräftiges Raucharoma und eine dunkle Farbe:** 4 mal räuchern und nach jedem Räuchergang den Käse wenden, um eine gleichmäßige Farbe zu bekommen.

Diese Werte sind nur grobe Richtwerte, da unterschiedliche Faktoren das Ergebnis beeinflussen:

- Rauchdichte
- Feuchte der Käse
- Größe der Käse
- Holzart
- Luftdurchzug im Räucherschrank
- Dauer der Räucherung
- Temperatur beim Räuchern

Vorgehensweise, um den Käse haltbar zu machen:

Dazu wird der fertig gereifte Käse geräuchert. Da der Käse nun schon recht trocken ist, nimmt er wenig Farbe und im Inneren keinen bzw. kaum Geschmack an. Der Rauch legt sich nur auf die Rinde, kann aber kaum in das Innere des Käses eindringen. Da die wenigsten Käse mit Rinde gegessen werden, wird später das Raucharoma mit der Rinde entfernt. Der Rauch entzieht dem Käse Feuchtigkeit und bringt konservierende Stoffe auf die Oberfläche des Käses. Auch hier ist Vorsicht geboten, denn je nach Alter und Feuchtegehalt des Käses, kann zu starkes Räuchern zu Rissen in der Oberfläche führen. Und das wiederum kann zu Schimmel im Inneren des Käses führen. Hier reichen im Normalfall 4 Räucherungen vollkommen aus.

Anleitung zum Räuchern

Unterschiedliche Hölzer und deren Eigenschaften beim Räuchern:

- **Buche:** mildes Raucharoma, rotbraune Farbe.
- **Erle:** kräftiges raffiniertes Raucharoma, schöne intensiv rötliche Farbe.
- **Apfelholz:** feines Raucharoma, sehr wohlwollend, rotbraune Farbe.
- **Zwetschgenholz:** feinwürziges Raucharoma, rotbraune Farbe. **Eiche:** kräftiges Raucharoma, eher gelbliche Farbe.
- **Kirsche:** feines und leicht süßliches Raucharoma, rotbraune Farbe.

Räuchern Sie nur mit unbehandelten natürlichen Hölzern oder Räuchermehlen. Räuchermehl darf nur aus reinem Holz sein. In Sägemehl aus Schreinereien oder Zimmereien sind meist auch Späne von Plattenwerkstoffen enthalten, diese setzen gesundheitsschädliche Stoffe frei!

Es gibt unterschiedliche Räucherverfahren:

- **Das Kalträuchern**
- **Das Warmräuchern** (nur Kochkäse und Paneer)
- **Das Heißräuchern** (nur Kochkäse und Paneer)

Jedoch ist für die meisten Käse nur das Kalträuchern sinnvoll. Die anderen Verfahren sind für das Räuchern von Würsten, Schinken und Fisch ideal.

Warm- und Heißräuchern

Info`s hierzu finden Sie unter:
https://käse-selber-machen.de/kaese-raeuchern

Kalträuchern

Beim Kalträuchern muss die Rauchtemperatur so niedrig wie möglich sein. Die Temperatur sollte bei jungem Käse 25 °C und bei gereiftem 20 °C nicht überschreiten, je kälter der Rauch desto besser.

Es werden möglichst feine Späne verwendet. Ideal ist die Größe 500/1000 (0,5-1mm), denn je feiner die Späne sind, desto geringer ist die Wärmeentwicklung.

Beim Kalträuchern wird dem Räuchergut Wasser entzogen und der Rauch legt sich auf die äußerste Schicht. Durch seine Inhaltsstoffe wird das Räuchergut besser haltbar und aromatisch.

Nach Möglichkeit sollte auch die Umgebungstemperatur so niedrig wie möglich sein. Dies sollte bei der Aufstellung des Räucherschrankes unbedingt berücksichtigt werden. Wenn die Umgebungstemperaturen niedrig sind, wird es im Räucherschrank nicht so schnell wärmer als 20/25 °C.
Wenn man bei höheren Außentemperaturen kalt räuchert, kann es passieren, dass sich ein leicht säuerlicher Geschmack bildet. Wenn der Räucherschrank an einem kühleren Ort steht, passiert das weniger.
Zwar ist durch diesen säuerlichen Geschmack das Räuchergut nicht wirklich verdorben, aber es mindert den Genusswert doch ganz erheblich. Deshalb im Sommer bzw. der wärmeren Zeit, lieber in den Abendstunden räuchern, wenn die Temperaturen etwas zurückgegangen sind.

Falls der Räucherschrank im Freien steht, sollte über dem Kamin ein kleines Dach sein. Fehlt dieses, kann das Räuchergut, wenn es regnet, nass werden. Das kann dann sehr leicht zum Verderb und Schimmel führen.

Wenn der Räucherschrank (unisoliert und einwandig) im Freien steht, dann kann es, wenn es sehr kalt ist, passieren, dass sich an den Wänden und dem Deckel Kondenswasser bildet. Dies ist nicht weiter schlimm, solange es nicht auf das Räuchergut tropfen kann.
Um dies zu vermeiden, kann man einfach ein Stück Pappkarton über dem Räuchergut anbringen. Dabei darauf achten, dass der Rauch nach wie vor ungehindert zirkulieren kann.

Man kann die Bildung von Kondenswasser an den Wänden aber mit relativ geringem Aufwand verhindern bzw. verringern. Man braucht sich lediglich Styroporplatten kaufen (2-3 cm dick) und diese z.B. mit Schnüren oder Klebeband an der Außenseite vom Räucherschrank befestigen.

Das Räuchergut, das geräuchert werden soll, darf keinesfalls nass sein! Wenn man etwas Feuchtes räuchert, dann bekommt es mit sehr hoher Wahrscheinlichkeit einen säuerlichen Geschmack.
Achten Sie deshalb stets darauf, dass das Räuchergut oberflächlich trocken ist.

Achten Sie drauf, dass sich die Räucherwaren nicht berühren, so dass der Rauch jede Stelle erreichen kann, denn sonst bekommen sie unschöne helle Stellen. Es dürfen sich auch keine Fliegen oder andere Insekten im Räucherschrank befinden!

Füllen Sie die Räucherlade mit ungefähr 65 g feinen Spänen der gewünschten Holzsorte auf. Diese Menge reicht bei mir für eine Räucherdauer von 6 Stunden. Diese Menge ist auch ein Anhaltspunkt für die Rauchintensität, die ich vorhin gemacht habe.

Bei den meisten Räuchermehlen gibt es eine Größenangabe. Die Größe 500/1000 (0,5-1mm) hat sich in der Praxis bestens bewährt. Drücken Sie die Späne etwas fest, das ergibt dann einen besseren und gemächlicheren Abbrand.

Leichteres Anzünden der Räucherlade

Die saubere weiße Asche die beim Abglimmen entsteht, sollte man in der Räucherlade belassen, denn diese unterstützt einen sauberen Abbrand. Sie isoliert das Räuchermehl gegen das Blech der Räucherlade und verhindert so, dass die Glut ausgeht.
Räuchermehl, das auf einem „Bett“ aus sauberer weißer Asche liegt, lässt sich auch viel einfacher entzünden.
Wenn man einen Räucherschrank frisch gekauft hat, kann man den Blechkasten mit etwas sauberer Asche aus einem Holzofen auffüllen. So ist es, schon von Anfang an einfacher, das Räuchermehl zu entzünden. Jetzt kann das Räuchermehl entzündet werden.

Hierfür gibt es drei unterschiedliche Methoden:

Mit einer Lötlampe

Die Flamme der Lötlampe wird so heiß wie möglich eingestellt. Damit wird eine Stelle im Randbereich zum Glühen gebracht. Man muss solange heizen, bis das Räuchermehl selbstständig weiter glimmt. Also nicht zu früh aufhören zu heizen. Je nach Stärke der Flamme kann dies ein paar Minuten in Anspruch nehmen.

Mit Spiritus

Eine Räucherlade mit Spiritus anzuzünden, ist recht einfach und sehr bequem. Gießen Sie dazu einfach ein Schnapsglas (20ml) voll Spiritus auf eine Stelle im Randbereich und zünden Sie das Ganze dann an. In den meisten Fällen glimmt das Räuchermehl, sobald der Spiritus abgebrannt ist.

Mit einem BIO-Anzündwürfel

Dazu den Würfel in das Räuchermehl drücken, aber die Späne auf etwas Distanz schieben (2mm), da sonst der Würfel nicht sauber brennen würde. Warten Sie, bis der Würfel nicht mehr brennt und das Räuchermehl glimmt. Erst dann den Schrank schließen.

Aber Vorsicht, wenn das Anzünden mit Spiritus beim ersten Mal nicht geklappt hat! Keinen neuen Spiritus in das heiße Räuchermehl gießen, denn sonst besteht Verpuffungsgefahr!
Falls die Räucherlade nicht glimmt, abwarten bis alles wieder abgekühlt ist, ehe man sie erneut anzündet.

Wenn das Räuchermehl glimmt, wird der Räucherschrank verschlossen. Dann wird die Luftzufuhr so weit wie möglich geschlossen, damit das Räuchermehl nur langsam verglimmt.
Kontrollieren Sie immer wieder die Temperatur und achten Sie darauf, dass sie 20/25 °C möglichst nicht übersteigt.

Etappenweise Räuchern

Wenn man in Etappen und mit Pausen räuchert, wird der Rauchgeschmack später milder und angenehmer.
Ein kurzes Beispiel:

- Man zündet die Räucherlade am Samstagabend um 18 Uhr an.
- Die Räucherlade glimmt nun ca. 6 Stunden lang.
- Der Räuchergang endet also in der Sonntagnacht um 0 Uhr.
- Ab diesem Zeitpunkt sollte nun eine Pause von ungefähr 12 Stunden gemacht werden. Man könnte also am Sonntagmittag um 12 Uhr den nächsten Räuchergang machen.
- Man muss es aber gar nicht so genau nehmen und etwas längere Pausen sind immer besser.
- Um die Sache zu vereinfachen, kann man jeden Tag zur selben Zeit mit dem Räuchergang beginnen. Man hat dann automatisch immer eine Räucherpause von ca. 18 Stunden.

Wenn Sie in der wärmeren Jahreszeit etappenweise räuchern, sollten Sie die Käse in den Pausen bei möglichst kühlen Temperaturen (8-16 °C) lagern.

Das sollten Sie beim Kalt-Räuchern unbedingt vermeiden und beachten

Große Temperaturunterschiede zwischen den Räucherwaren und der Umgebungsluft

Wenn man die Käse bei kühleren Temperaturen aufbewahrt hat, dann sind diese oftmals sehr viel kälter als die Luft im Räucherschrank. Wenn warme Luft auf kalte Räucherwaren trifft, entsteht Kondenswasser. Wie schon anfangs erwähnt, kann, wenn man Feuchtes räuchert, ein säuerlicher Geschmack entstehen. Deshalb bei größeren Temperaturunterschieden den Räucherschrank mit dem Käse befüllen und vor dem Räuchern etwa eine Stunde abwarten. So kann sich die Temperatur angleichen. Falls sich auf dem Räuchergut Kondenswasser gebildet haben sollte, kann dieses mit einem Küchentuch entfernt werden. Wenn alles trocken ist, kann man mit dem Räuchern beginnen.

Sehr hohe Luftfeuchtigkeit, beispielsweise bei Nebel

Im Herbst hat man es sehr oft mit sehr feuchter Umgebungsluft zu tun. Wenn man dann räuchert, kann auch sehr leicht ein säuerlicher Geschmack entstehen. Verzichten Sie deshalb darauf, bei Nebel zu räuchern und warten Sie lieber einen Tag ab.

Räuchern im Smoker

Zum Kalträuchern sind Smoker **nicht** geeignet, da darin sehr schnell zu hohe Temperaturen entstehen.

Räuchern bei Minusgraden

Nach Möglichkeit vermeiden, da es zu Problemen mit der Reife des Käses führen kann. Ebenfalls ist die Gefahr von Kondenswasserbildung sehr hoch.

Den Rauch aromatisieren und würzen

Man kann den Rauch durch die Zugabe von Räucher-Zusätzen würzen. Dazu einfach etwas von den Räucher-Zusätzen unter das Räuchermehl mischen. Aber übertreiben Sie es damit nicht, weniger ist meist mehr.
Als groben Richtwert für die Menge:
10-100 g Räucher-Zusatz je kg Räuchermehl. Mit 100 Gramm erreicht man eine sehr intensive Würzung.
Beginnen Sie lieber mit etwas weniger und tasten Sie sich allmählich an die von Ihnen als angenehm empfundene Menge heran.

Bedenken Sie:
Etwas stärker zu machen ist sehr einfach, wenn aber zu viel daran ist, bekommt man es nicht mehr weg!

Zum Aromatisieren von Räuchermehl eignen sich folgende Zusätze ganz besonders gut:

- Basilikum
- Salbei
- Lorbeerblätter
- Rosmarin
- Liebstöckel
- Paprikapulver
- Tannen-Nadeln
- Tannen-Zapfen
- Weinreben
- Wacholderbeeren
- Wacholder-Nadeln
- Wacholder-Ästchen

Gerüche sind nur schwer zu beschreiben, deshalb empfehle ich Ihnen, die Räucher-Zusätze selbst zu testen. Entzünden oder verglimmen Sie kleine Mengen davon. Fächeln Sie sich ein wenig vom Rauch zu und entscheiden Sie dann, ob Ihnen der Geruch gefällt oder eher nicht. Experimentieren Sie und erstellen Sie sich dann, im Laufe der Zeit, Ihre eigene persönliche Räuchermischung, die somit einzigartig ist.

Tipp`s beim Räuchern:

Wenn Sie keinen ganzen Käse räuchern wollen, können Sie auch nur ein Stück vom gereiften Käse abschneiden und dann räuchern. Da der Käse innen feuchter ist, nimmt er das Raucharoma und die Farbe schneller an. Weichkäse nehmen den Rauch sehr schnell an, da der Wassergehalt sehr hoch ist. Diese eignen sich besonders gut dazu, nur den Duft aber keine Farbe zu bekommen, also das Aromatisieren ohne Rauch. Dann kann man auch den Schimmel oder die Schmierrinde auf dem Käse belassen.

Lassen Sie die Käse nach dem Räuchern mindestens einen Tag unter der Käseglocke reifen, da frischer Rauch zwar gut riecht, aber nicht gut schmeckt. Je älter der Rauch ist, umso harmonischer sind sein Duft und sein Geschmack.

Noch ein Tipp wenn Sie schon am Räuchern sind:
Dann machen Sie sich doch gleichzeitig ein Rauchöl. Dazu ein gutes Öl in einen großen Teller geben und einfach mit in den Schrank stellen. Nach einigen Räucherungen habe Sie dann gleichzeitig ein Räucheröl zum Verfeinern vieler Gerichte beim Kochen. Füllen Sie dieses Öl mit Hilfe eines Trichters in eine Flasche, so haben Sie es immer zur Hand, falls Sie Raucharoma haben wollen.

Das Wichtigste in Kürze zum Kalt-Räuchern:

- Die Räucherwaren müssen zum Räuchern oberflächlich trocken sein, niemals Feuchtes räuchern.
- Vermeiden Sie große Temperaturunterschiede zwischen dem Räuchergut und der Umgebungsluft.
- Die Käse mit Abstand platzieren, der Rauch muss an jede Stelle kommen.
- Darauf achten, dass keine Insekten im Schrank sind.
- Die Räucherlade mit etwa 65 g, möglichst feinen Spänen der Größe (500/ 1000) füllen und etwas zusammenpressen.
- Die Luftzufuhr so weit wie möglich schließen, damit das Räuchermehl langsam verglimmt.
- Die Temperatur im Räucherschrank sollte beim Kalt-Räuchern bei jungem Käse 25 °C und 20 °C bei gereiftem Käse möglichst nicht übersteigen.
- Am besten etappenweise räuchern, mit ca. 12-18 Stunden Pause zwischen den Räuchergängen.
- Ein Räuchergang sollte etwa 6 Stunden dauern.
- Bevor man den „fertigen" Käse anschneidet, noch ein paar Tage ruhen und nachreifen lassen. Der anfänglich eher scharfe Rauchgeschmack mildert sich dadurch ab.

Geräucherter Käse sollte nicht mit anderen Käsen zusammen weiter gereift werden, da sonst alle anderen Käse auch das Raucharoma annehmen würden.

Käse reinigen, schneiden, verpacken und lagern

Reinigen

Bevor Sie die Käse verpacken, ist es ratsam, die Käse außen zu säubern. Man könnte ihn zwar auch so einpacken, doch dann hat man später immer die verschmutzte Rinde, wenn man den Käse essen will. Den Käse zu reinigen, geht am einfachsten, wenn er am Stück ist. Ein junger Käse, der nicht mit der Paste eingeschmiert wurde, kann mit einem Schwamm und fließendem Wasser gewaschen werden. Einen lange gereiften Käse, der mit einer Paste oder Schimmel überzogen ist, reinigen Sie am einfachsten mit einem Messer. Schaben Sie den Käse damit so lange ab, bis er schön aussieht. Das geht recht einfach und schnell. Am besten auf einem Zeitungspapier machen, dann können Sie die abgeschabten Fetzen/Späne schnell und einfach aufräumen und die Arbeitsfläche bleibt sauber.

Schneiden der Käse

Kleinere Käse können am Stück verpackt werden. Große sollte man portionsweise einpacken. Machen Sie lieber etwas kleinere Stücke. Der Käse muss später im Kühlschrank unter die Käseglocke passen.

Zum Schneiden eignet sich ein dünnes langes Messer aus Edelstahl. Verwenden Sie keine Keramikmesser. Diese sind zwar sehr scharf und dünn, doch das Dünnsein wird zum Problem. Wenn der Käse über 3 Monate gereift ist, wird dieser recht hart. Wenn man ihn schneidet, läßt es sich kaum vermeiden, dass man etwas „hebelt“, dabei brechen Keramikmesser sehr leicht. Am besten teilen Sie den Käselaib zuerst in zwei Hälften und dann in die gewünschte Größe.

Verpacken

Junge Käse

Das sind beispielsweise: Chèvre, Camembert, Brie, Romadur und Limburger.

Diese Käse werden nach der Reife in Käsepapier eingewickelt und können, wenn sie angeschnitten sind, im Kühlschrank für einige Tage gelagert werden.

Hier kann auch Schimmel auftreten, sollte dies der Fall sein, ist es ratsam, den Käse zu entsorgen. Der einzige Schimmel, den man verzehren kann, ist der Penicillium roqueforti. Er hat eine grün-blaue Farbe und tritt bei Käse am häufigsten auf. Er ist auch der Schimmel den man bei der Herstellung von Pecorino oder Gorgonzola verwendet. Er hat kräftige Aromen, was nicht jedermanns Geschmack ist. Vor allem wenn er sich erst frisch angesiedelt hat, hat er einen bitteren Geschmack. Dieses Bittersein verliert sich über die fortschreitende Reife. Das ist wie die äußere Reife mancher Edelschimmel Käsesorten.

Gekochter Käse

Hier ist der Ricotta und der Paneer zu erwähnen. Ricotta ist recht weich und krümelig, also eher ein Streichkäse. Der Paneer hat eine feste Konsistenz. Diese beiden Käse kann man in einen Gefrierbeutel geben und einfrieren. Er hält sich auf diese Art monatelang und kann bei Bedarf einfach aufgetaut und gegessen werden.

Gereifte Käse

Das sind die Käse, die richtig verpackt noch mehrere Monate im Kühlschrank aufbewahrt werden können.

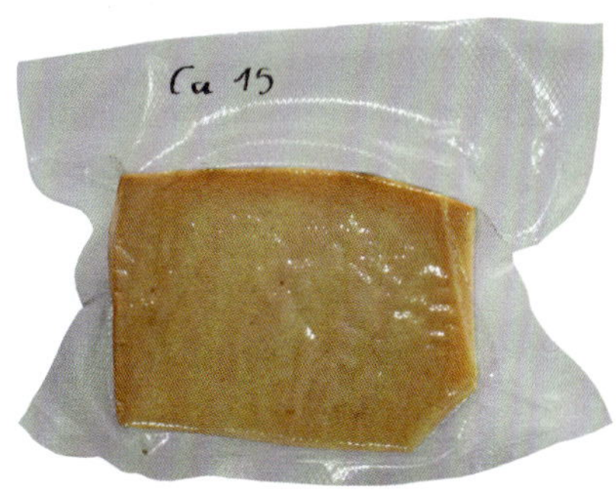

Die beste Verpackung ist ein Vakuumbeutel. Darin trocknet der Käse nicht aus und kann keinen Schimmel bekommen.

Er ist auch vor anderen unerwünschten Eindringlingen geschützt.

Kaufen Sie sich ein gutes Vakuumiergerät, diese kosten zwar ein wenig Geld, doch dadurch sind Ihre „Goldstücke" auch sicher verpackt. Es ist wichtig, dass ein starkes Vakuum generiert wird, da sonst Sauerstoff im Beutel sein könnte und somit Schimmel auftreten würde. In einem Vakuum kann kein Schimmel entstehen. Kaufen Sie sich auch Vakuumbeutel von hoher Qualität, hier zu sparen wäre falsch.

Lagern

Die fertigen und abgepackten Käse

Aufgeschnittene oder junge Käse können im Kühlschrank bei 2-5 °C gelagert werden. Nur in Käsepapier eingeschlagene Käse halten sich nur einige Tage. Im Vakuum halten sie sich über Monate.

Wenn Sie einen ganzen Käselaib lagern wollen, dann wie in der Reife beschrieben mit den passenden klimatischen Bedingungen. Ein Hartkäse, kann am Stück, für Jahre gelagert werden. Er wird immer aromatischer und härter. Dabei ist es wichtig, den Käse regelmäßig jede Woche zu wenden. Dabei auch immer die Rinde auf Schäden kontrollieren.

Schreiben Sie immer das Datum, an dem der Käse eingepackt wurde, auf die Verpackung, um einen Überblick über das Alter zu haben. Schreiben Sie auch darauf, was für ein Käse es ist. Denn wenn Sie unterschiedliche Käsearten machen, wissen Sie später nicht mehr, was in der Verpackung ist.

Käse, die zum direkten Verzehr angeschnitten sind

Am besten lagert man angeschnittenen Käse im Kühlschrank bei 2-5 °C. Da er offen im Kühlschrank rasch austrocknen würde, ist es ratsam, den Käse unter einer Käseglocke zu lagern. Am besten den Käse auf ein Kunststoffgitter stellen, welches unten Füßchen hat, damit der Käse überall Luft bekommt. So vermeidet man Schimmel oder eine Schmierrinde.

Die Käseglocke verhindert das Austrocknen und der Käse kann „atmen". Auch die Gerüche anderer Lebensmittel im Kühlschrank gelangen so nicht an den Käse oder umgekehrt.

Sie können auch eine große Plastikbox oder eine leere Eisverpackung verwenden. Es ist wichtig, dass sie recht luftdicht ist und mindestens das doppelte Volumen wie der zu lagernde Käse hat. Ist das Volumen zu gering, kann Schimmel oder Schmierrinde auftreten.

Diese Aufbewahrungsbox sollte alle 1-2 Tage kurz gelüftet werden, um die Luftfeuchte zu reduzieren und muffige Gerüche zu verhindern.

Je nach Käsetyp kann hier erneut Schimmel auftreten. Hier ist Vorsicht geboten! Der einzige Schimmel, der ohne Bedenken wachsen darf, ist der Penicillium roqueforti. Er ist blau-grün, alle anderen Farben lassen auf giftigen Schimmel schließen und der Käse sollte komplett entsorgt werden.

Vor allem Frisch- und Weichkäse können von giftigen Schimmelkulturen befallen werden. Hartkäse betrifft das, aufgrund ihres verhältnismäßig hohen Salzgehalts und der trockenen Art weniger. Hier wäre nur eine zu feuchte Lagerung ein Grund, dass unerwünschter Schimmel auftritt.

Doch bei der regelmäßigen Kontrolle und dem damit verbundenen Lüften, hielten sich meine Käse über Wochen im Kühlschrank, ohne jegliche Vorkommnisse.

<u>Noch ein Tipp für harte Käse:</u>
Falls Ihnen der gereifte Käse je zu hart/trocken sein sollte, können Sie ihn vor dem Verzehr aufschneiden und für 15-20 Minuten mit etwas Wasser bedeckt einweichen. Er wird dann wieder weich, zarter im Geschmack und verfließt beim Überbacken besser. Er zieht dann, nach dem Überbacken, auch wieder Fäden.

Vorbereitungen und abschließende Hinweise, bevor es an das Käsemachen geht

Käse- und Milchart:

Suchen Sie sich die gewünschten Rezepte heraus. Lesen Sie sich alle Rezepte und Reifeverfahren dazu gründlich durch. Sie brauchen den Überblick, um später in Ruhe den Käse herstellen zu können. In den Rezepten sind immer die traditionellen Milcharten angegeben. Sie können die Käse aber auch mit der Milch anderer Tierarten herstellen. Dadurch verändert sich der spätere Käse enorm. Sie können anstelle von Rohmilch auch pasteurisierte Milch verwenden. Dann müssen Sie aber Calcium zugeben, um reichlich und ausreichend festen Bruch zu bekommen.

Wenn in den Rezepten nichts anderes angegeben ist, handelt es sich immer um pasteurisierte Milch, nur Rohmilch wird kenntlich gemacht. Bei Rohmilch entfällt der Zusatz von Calcium. Jeder Käse aus pasteurisierter Milch kann, wenn gewünscht, auch mit Rohmilch gemacht werden.

Die Starterkulturen sind bei Rohmilch kein Muss. Sie sind allerdings hilfreich, um eine schnellere Säuerung zu erhalten. Dadurch wird eine Vermehrung von unerwünschten Mikroorganismen unterbunden. Je nach verwendeter Starterkultur verändert sich der spätere Geschmack/Duft, wie auch die Konsistenz. Und je nachdem, welche Starterkultur Sie verwenden, bekommt der Käse durch Gasbildung Löcher oder es gibt einen geschlossenen Teig.

Käsegewicht/Käsegröße:

In den Rezepten sind das traditionelle Käsegewicht und die Größe angegeben. Diese haben einen Einfluss auf das Reifeverhalten und somit auf den Geschmack. Sie können die Käse aber auch größer oder kleiner machen und erhalten dadurch einen eigenen Typ. Je größer ein Käse ist, umso länger braucht er zum Reifen.

Als Richtwert für die Reifezeit: Bei den Schnittfesten und bei Hartkäsen ab 3 kg Käsegewicht sind es rund 3 Monate und für jedes weitere Kilogramm einen zusätzlichen Monat an Reifezeit. Auch Käse mit einem Gewicht unter 3 kg brauchen 3 Monate Reifezeit.

Milch- und Zutatenmenge:

Berechnen Sie, auf Grundlage der gewünschten Käsemenge, wie viel Milch Sie brauchen. Aus 10 Litern Kuh- oder Ziegenmilch erhalten Sie rund 1 kg fertigen Käse, aus Schafmilch 2 kg.

Ein Beispiel:

Sie wollen einen Käse mit einem Gewicht von 5,5 kg machen. Dann nehmen Sie das Rezept und multiplizieren alles mal 5,5. Falls Sie Schafsmilch verwenden, müssen Sie anschließend noch durch 2 teilen, da Schafsmilch das Doppelte an Käsegewicht bringt.

Kuh- Ziegenmilch:

10 L Milch im Rezept x 5,5 = 55 Liter Milch, die Sie brauchen.

Schafsmilch:

10 L Milch im Rezept x 5,5 / 2 = 27,5 Liter Milch, die Sie brauchen.

Soll es ein Käse mit 400 g werden, nehmen Sie das Rezept und rechnen Sie alle Werte x 0,4.

Kuh- Ziegenmilch:

10 L Milch im Rezept x 0,4 = 4 Liter Milch, die Sie brauchen.

Schafsmilch:

10 L Milch im Rezept x 0,4 / 2 = 2 Liter Milch, die Sie brauchen.

Dasselbe machen Sie mit allen anderen Zutaten.

Temperaturen bei der Käseherstellung:

Wenn in den Rezepten keine Temperaturen angegeben sind, handelt es sich immer um die Zimmertemperatur, die zwischen 20-24 °C liegt. Vor allem bei der Bruchbereitung, Trocknung und beim Pressen ist es hilfreich, diese Temperatur einzuhalten. Bei der Reife sind andere Temperaturen erforderlich und immer angegeben. Bei der Reife spielt vor allem die Luftfeuchtigkeit eine riesige Rolle, diese sollte möglichst genau eingehalten werden.

Hygiene:

Generell ist es am besten, immer Einweghandschuhe zu tragen, die zuvor gründlich gereinigt und mit Einweghandtüchern getrocknet wurden. Auf diese Weise gelangen keine unerwünschten Mikroorganismen in oder auf den Käse. Dies ist aber kein Muss, man kann natürlich auch mit gründlich gereinigten Händen arbeiten.

Ph-Wert:

Der pH-Wert ist in den meisten Rezepten mitangegeben. Er besagt wie hoch die Säuerung ist, was sich auf den ganzen Verlauf der Käseherstellung auswirkt. Je genauer Sie den Wert erreichen, umso mehr sind Sie am originalen Geschmack des Käses. Wenn Sie den Wert nicht messen wollen oder können oder lieber natürlich Käsen wollen, beachten Sie einfach die Zeitangabe und überlassen es der Natur, welcher genaue pH-Wert und somit Geschmack ihr Käse bekommt. In der industriellen Herstellung ist der pH-Wert der wichtigste Wert, um immer einen gleichbleibenden Käse zu produzieren. Im privaten Rahmen spielt das allerdings keine so große Rolle.

Gewicht beim Pressen der Käse:

Die angegebenen Gewichte sind kein Muss. Je höher das Gewicht, desto härter und trockener, aber auch lagerfähiger wird der Käse. Wenn Sie das Gewicht verändern, wirkt sich das später auf Form, Geruch, Geschmack, Konsistenz und Haltbarkeit aus.

Räuchern:

Sie können generell jeden Käse räuchern. Jedoch ist es ratsam, nur die Käse zu räuchern, die keine Oberflächenbehandlung bekommen. Das heißt weder Edelschimmel noch Schmierrinde. Wie oft oder stark Sie räuchern, liegt an Ihnen und Ihrer Vorliebe.

Reifeart:

Wenn Sie das ganze Buch gelesen haben, verstehen Sie die unterschiedlichen Reifearten. Wenn gewünscht, können Sie, je nach Teigbeschaffenheit, auch eine andere als im Rezept angegebene Reifeart durchführen. Dadurch bekommen Sie neue Käsetypen und können somit den Käse auch voll und ganz an Ihren persönlichen Geschmacksinn anpassen.

Schimmelbefall:

Bei der Käseherstellung taucht immer wieder Schimmel auf und das oft ungewollt. Also nicht der Schimmel, den man zur Reifung haben will. Bei der Reifung werden nur der weiße und der blau-grüne Edelschimmel eingesetzt. Die Ausnahme kann der Pecorino sein, den man traditionell mit wilden Schimmelkulturen reifen lässt.

Der blau-grüne Edelschimmel (Penicillium roqueforti) ist der stärkste Schimmel, mit dem Sie konfrontiert werden. Er siedelt sich sehr gerne auf dem Käse an, selbst wenn dieser richtig gesalzen und kühl gelagert wird. In der Regel ist es auch dieser Schimmel, der sich auf dem fertigen Käse, beim Lagern im Kühlschrank ansiedelt. Das ist gesundheitlich unbedenklich, jedoch schmeckt dieser im jungen Stadium bitter und ist somit kein Genuss. Falls Sie den blau-grünen Schimmel bei der Herstellung eines Weissschimmel-Käse auf der Oberfläche entdecken, haben Sie zu wenig Weissschimmelsporen aufgetragen/aufgesprüht oder in die Milch gemischt.
Sollte die Menge ausreichend gewesen sein, könnten die Gerätschaften oder der Reiferaum mit den Schimmelsporen vom blau-grünen Edelschimmel kontaminiert sein. Somit wäre es erforderlich, alle Gerätschaften und die Räumlichkeiten vor dem nächsten Gebrauch gründlich zu desinfizieren.
Falls Sie jedoch roten, gelben oder schwarzen Schimmel auf dem Käse entdecken, egal ob während der Reife oder beim Lagern, ist es ratsam, den Käse zu entsorgen!

Listerien:
Durch mangelnde Hygiene können sich Listerien im/auf dem Käse ansiedeln. Hier ist vor allem das Bakterium Listeria monocytogenes zu erwähnen, da dieses zur sogenannten Listeriose führen kann. Man sieht dies dem Käse weder an noch schmeckt man es. **In den vergangenen Jahren waren vor allem Schmierrindenkäse davon betroffen.** Verwenden Sie hier am besten nur die gekauften Reinzuchtkulturen und achten Sie sorgfältigst auf die Hygiene, um das Risiko zu minimieren.

Wichtig, bevor Sie mit dem Käsemachen beginnen:

Kontrollieren Sie bereits einige Tage im Voraus, ob Sie genügend Formen, alle Werkzeuge und Hilfsmittel haben, die für die Herstellung der gewünschten Käse erforderlich sind. Wenn die Milch auf dem Herd steht und etwas fehlt, dann ist es zu spät.

Sauermilchkäse

Sauermilch-Frischkäse oder reiner Sauermilch-Quark:

Zutaten:

- 10 Liter Kuhmilch.
- Starterkultur: Mesophile Kulturen (Butter- oder Sauermilch) nach Herstellerangaben, aber die doppelte Menge oder 200 g aktive Sauer- oder Buttermilch.
- Wenn keine Rohmilch verwendet wird, gesättigtes Calcium-chlorid oder Chlorcalcium nach den Angaben des Herstellers.
- Als Käse können noch 15 g Salz pro kg Käsemasse und auf Wunsch auch Gewürze oder Kräuter zugeben werden.

Herstellung:

- Die Milch auf 24 °C erwärmen.
- Die Starterkultur und das Calcium untermischen und 16 Stunden lang bebrüten oder bis 4,7 pH erreicht ist.
- Dabei die Temperatur auf 24 °C halten.
- Die Gallerte prüfen und in 1 cm Würfel schneiden.
- 30 Minuten lang ruhen lassen, damit Molke austritt.
- Den Bruch innerhalb von 23 Minuten auf 47 °C erwärmen.
- Dabei sanft rühren und weitere 30 Minuten sanft rühren.
- Den Bruch auf mehrere Käsetücher verteilen und aufeinander-stapeln. Immer wieder wenden, damit sich der Bruch selber presst, die Molke muss dabei abfließen können.
- Das machen Sie solange, bis die gewünschte Dicke erreicht ist.

Diese Schritte führen zu einem reinen Sauermilch-Quark. Dieser kann direkt gegessen werden oder für 2 Wochen im Kühlschrank bei 2-5 °C gelagert werden.

- Um einen Käse zu erhalten, kann man den Quark noch länger abtropfen lassen und im Anschluss 15 g Salz je kg Quarkmasse zugeben. Auch alle Arten von Kräutern und Gewürzen können untergemischt werden.

Er ist direkt verzehrfertig.
Im Kühlschrank gelagert ist dieser Frischkäse 2 Wochen haltbar.

Joghurtfrischkäse

Joghurt oder Joghurtfrischkäse:

Zutaten:

- 10 Liter pasteurisierte Milch oder Rohmilch.
- Starterkultur: Thermophile Joghurt-Kulturen nach Angaben des Herstellers oder 450 g aktiven Joghurt.
- In der Käsevariante 15 g Salz pro kg Joghurtmasse.
- Nach Belieben Gewürze oder Kräuter.

Herstellung:

- Die Milch langsam auf 85 °C erwärmen.
- 30-60 Minuten auf der Temperatur halten, dabei rühren. Je länger dieser Prozess dauert, desto dicker wird der Joghurt.
- Die Milch rührend auf 42 °C abkühlen lassen.
- Die thermophilen Kulturen oder den fertigen Joghurt untermischen.
- Die Milch für 5-12 Stunden auf 42 °C halten. Je länger desto saurer wird der Joghurt.

Diese Schritte führen zu einem reinen Joghurt.
Dieser kann direkt gegessen werden oder für 2 Wochen im Kühlschrank bei 2-5 °C gelagert werden.

Als Joghurtkäse:

- Den fertigen Joghurt in ein Käsetuch geben und hängend die Molke bis zur gewünschten Konsistenz/Dicke abtropfen lassen. Das dauert 12-24 Stunden. Um das Ganze zu beschleunigen, kann man auch pressen.
- Nach dem Abtropfen den Bruch mit 15 g Salz vermengen.

Es können nun auch Gewürze oder Kräuter zugegeben werden.

Er ist direkt verzehrfertig.
Im Kühlschrank gelagert ist dieser Frischkäse 2 Wochen haltbar.

Grundrezept für einen einfachen Lab-Käse:

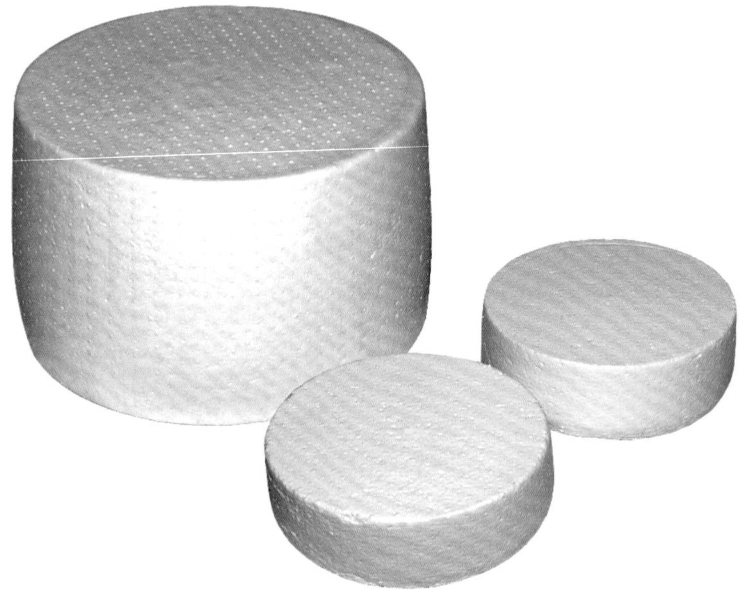

Zutaten:

- 10 Liter pasteurisierte Milch oder Rohmilch.
- Starterkultur: mesophile Kulturen nach Herstellerangaben oder 100 g aktive Butter- oder Sauermilch.
- Wenn keine Rohmilch verwendet wird, gesättigtes Calciumchlorid oder Chlorcalcium nach den Angaben des Herstellers.
- Die normale Labmenge laut Hersteller, in 50 g Wasser gelöst.
- 20 g Salz pro kg Käsemasse.
- Käseform nach Belieben.

Herstellung:

- Die Milch auf 32 °C erwärmen.
- Starterkultur zugeben und zum Säuern 1 Stunde stehen lassen.
- Auf 32 °C erwärmen.
- Das Lab und bei pasteurisierter Milch noch das Calcium untermischen.
- Die Wärmezufuhr stoppen.
- Die Milch abgedeckt 40 Minuten ruhen lassen.

- Die Gallerte auf Festigkeit prüfen (Fingertest Seite 32).
- Den Bruch schneiden. Wenn es ein weicher Käse werden soll in 2 cm Würfel, für festen Käse in 1 cm Würfel und für Hartkäse in 0,5 cm Würfel.
- Den Bruch ruhen lassen und nach 5 Minuten sanft umrühren.
- Falls erforderlich den Bruch nochmal nachschneiden.
- Nun bis zu 30 Minuten sanft rühren.
- Wenn der Bruch die Festigkeit wie das Weiße von einem 3-Minuten-Ei hat, ist er fertig.
- Den Bruch nach unten drücken und 5 Minuten ruhen lassen.
- Den Bruch auf die grobe Größe der Käseform zuschneiden und in die Formen füllen.
- **Für festen Käse** gilt es den Bruch stark zu stopfen, dabei den Käse immer wieder wenden.
- Den Käse 24 Stunden lang abtropfen lassen, dabei in der ersten Stunde 3 mal wenden.
- Danach weitere 3 mal wenden.
- **Für weiche Käse** gilt es die Formen nur sanft zu füllen und erst dann wenden, wenn der Käse bereits eine feste Form bekommen hat (ca. 2 Stunden).
- **Bei beiden Arten** wird der Käse nach 24 Stunden aus der Form genommen.
- Den Käse wiegen und mit 20 g Salz je kg Käsemasse salzen.
- Weitere 24 Stunden trocknen lassen, dabei 4 mal wenden.

Dieser einfache Lab-Käse kann direkt verzehrt werden.
Er schmeckt dann aber nur nach Milch und leicht säuerlich.

Dieser Käse kann auch weiter gereift werden:

- Mit weißem Edelschimmel.
- Mit blau-grünem Edelschimmel.
- Mit Rotschmiere.
- Mit der Trockenreifung.
- Er kann, wenn gewünscht, auch geräuchert werden.

Frischkäse

Chèvre:

Zutaten:

- 10 Liter rohe Ziegenmilch.
- Starterkultur: Mesophile Kulturen nach Herstellerangaben oder 100 g aktive Butter- oder Sauermilch.
- Wenn keine Rohmilch verwendet wird, Geotrichum candidum nach Herstellerangaben.
- Wenn keine Rohmilch verwendet wird, gesättigtes Calcium-chlorid oder Chlorcalcium nach den Angaben des Herstellers.
- Ein Viertel der normalen Labmenge laut Herstellerangaben, in 50 g Wasser gelöst.
- 20 g Salz pro kg Bruchmasse.

Herstellung:

- Die Milch auf 32 °C erwärmen.
- Die Starterkultur und das Lab zugeben. Wenn keine Rohmilch verwendet wird, zusätzlich Geotrichum candidum, sowie das Calcium nach den Angaben des Herstellers zugeben.
- Die Wärmezufuhr stoppen, und abgedeckt 24 Stunden lang bei Zimmertemperatur stehen lassen.
- Dann den Bruch in ein Sieb oder Käsetuch geben und darin 6-8 Stunden abtropfen lassen.
- Den Bruch wiegen und je kg Bruchmasse 20 g Salz behutsam untermischen.
- Abtropfen lassen bis nichts mehr tropft.
- Nun kann man Kräuter oder Gewürze zugeben.
- Den Käse in Formen füllen.

Er ist direkt verzehrfertig.
Im Kühlschrank gelagert ist dieser Frischkäse 2 Wochen haltbar.

Gepresster Kuh-Frischkäse (Frischkäse):

Zutaten:

- 10 Liter Kuhmilch.
- Starterkultur: Mesophile Kulturen nach Herstellerangaben oder 100 g aktive Butter- oder Sauermilch.
- Wenn keine Rohmilch verwendet wird, gesättigtes Calciumchlorid oder Chlorcalcium nach den Angaben des Herstellers.
- Ein Viertel der normalen Labmenge laut Herstellerangaben, in 50 g Wasser gelöst.
- 20 g Salz pro kg Bruchmasse.

Herstellung:

- Die Milch auf 27 °C erwärmen.
- Die Starterkultur untermischen und 1 Stunde lang bebrüten.
- Die Milch auf 27 °C erwärmen, dann das Lab und das Calcium zugeben.
- Die Wärmezufuhr stoppen.
- 12 Stunden abgedeckt bei Zimmertemperatur stehen lassen oder bis 4,5 pH.
- Die Gallerte in 5 cm Würfel schneiden und sanft rühren.
- Den Bruch zum Abtropfen, in eine 10 cm Form oder ein Käsetuch geben.
- In der Form mit 40 kg Gewicht beschweren.
- Das Käsetuch aufrollen, um Druck auszuüben.
- Optional: Wenn der Bruch nicht mehr tropft abwiegen und mit 20 g Salz je kg Masse salzen.
- Den Druck erhöhen und weitere 6-8 Stunden abtropfen lassen.
- Wenn möglich in der Abtropfzeit das Gewicht stufenweise auf 100 kg erhöhen.
- Nun kann man der Käsemasse noch Kräuter oder Gewürze zugeben.
- Den Käse in Formen füllen.

Er ist direkt verzehrfertig.
Im Kühlschrank gelagert, ist der Käse 2 Wochen haltbar.

Schwäbischer Frischkäse in Salzlake (sehr weich/cremig):

Zutaten:

- 10 Liter Kuhmilch.
- Starterkultur: Mesophile Kulturen nach Herstellerangaben oder 100 g aktive Buttermilch.
- Wenn keine Rohmilch verwendet wird, gesättigtes Calciumchlorid oder Chlorcalcium nach den Angaben des Herstellers.
- Ein Viertel der normalen Labmenge laut Herstellerangaben, in 50 g Wasser gelöst.
- 20 g Salz je kg Bruchmasse, um den Bruch zu salzen.
- Kleine Frischkäseformen.

Herstellung:

- Die Milch auf 34 °C erwärmen.
- Die Starterkultur zugeben und 1 Stunde stehen lassen.
- Auf 32 °C erwärmen.
- Das Lab und wenn pasteurisierte Milch verwendet wird, noch das Calcium untermischen.
- Die Wärmezufuhr stoppen.
- Die Milch abgedeckt bei Zimmertemperatur 24 Stunden ruhen lassen.
- Die Gallerte mit einer Schöpfkelle randvoll in Formen füllen.
- 12 Stunden lang abtropfen lassen, dann wenden.
- 2,5 Liter der Molke bei Seite stellen und im selben Raum wie den Käse lagern.
- Nach weiteren 12 Stunden den Käse wiegen und mit 20 g Salz je kg Käsemasse salzen.
- Die 2,5 Liter Molke mit 200 g Salz vermengen. Diese Salzlake im selben Raum lagern, wo die Käse abtropfen. Alternativen und Vorgehensweise finden Sie auf Seite 74 **„Reifung in Lake“**.
- 24 Stunden abtropfen lassen, dabei 3 mal wenden.
- Wenn der Käse oberflächlich trocken ist, am Stück in ein Gefäß geben und weiter verfahren und reifen, wie beschrieben ab Seite 74 **„Reifung in Lake“.** Die Reife in der Salzlake ist kein Muss, macht den Frischkäse aber besonders raffiniert.

Ziegentopfen oder Quark auf Labbasis (Frischkäse):

Zutaten:

- 10 Liter Ziegenmilch.
- Starterkultur: Mesophile Kulturen nach Herstellerangaben, jedoch die doppelte Menge oder 200 g aktive Butter- oder Sauermilch.
- Wenn keine Rohmilch verwendet wird, gesättigtes Calciumchlorid oder Chlorcalcium nach den Angaben des Herstellers.
- Ein Viertel der normalen Labmenge laut Herstellerangaben, in 50 g Wasser gelöst.
- 20 g Salz pro kg Käsemasse.
- Frischkäseform mit 6 cm Durchmesser, Höhe 4 cm, große Form oder Sieb zum Abtropfen.
- Traditionelles Käsegewicht pro Stück 120 g.

Herstellung:

- Die Milch auf 23 °C erwärmen.
- Die Starterkultur untermischen und 1,5 Stunden bebrüten.
- Die Milch auf 23 °C erwärmen, dann das Lab und das Calcium zufügen.
- Ohne Wärmezufuhr 8 Stunden bei Zimmertemperatur ruhen lassen.
- Die Gallerte in 15 cm große Stücke schneiden.
- Den Bruch zum Abtropfen in eine große Form oder Sieb füllen.
- 8 Stunden abtropfen lassen, dann aus der Form nehmen.
- Den Käse mit 20 g Salz je kg Käsemasse salzen. Auf Wunsch können auch noch Kräuter untergemischt werden.
- Die Käsemasse in die kleinen Formen geben und 15 Stunden trocknen lassen.
- Dabei 2 mal wenden.

Der Käse kann direkt verzehrt werden.
Den Käse im Kühlschrank bei 2-5 °C lagern.

Gereifter Frischkäse

Chèvre mit Weißschimmel gereift (französischer Frischkäse):

Zutaten:

- 10 Liter rohe Ziegenmilch.
- Starterkultur: Mesophile Kulturen nach Herstellerangaben oder 100 g aktive Butter- oder Sauermilch.
- Wenn keine Rohmilch verwendet wird, Geotrichum candidum nach Herstellerangaben.
- Wenn keine Rohmilch verwendet wird, gesättigtes Calciumchlorid oder Chlorcalcium nach den Angaben des Herstellers.
- Ein Viertel der normalen Labmenge laut Herstellerangaben, in 50 g Wasser gelöst.
- 20 g Salz je kg Bruchmasse.
- Frischkäseform Durchmesser 8,5 cm, Höhe 5 cm.
- Traditionelles Käsegewicht pro Stück 140 g.

Herstellung:

- Die Milch auf 32 °C erwärmen.
- Die Starterkultur und das Lab zugeben.
- Wenn keine Rohmilch verwendet wird, Geotrichum candidum und die normale Menge an Calcium nach Herstellerangaben zugeben.
- Die Wärmezufuhr stoppen.
- Etwa 48 Stunden abgedeckt bei Zimmertemperatur stehen lassen, bis sich oben auf der Molke weißer Ansatz bildet (Geotrichum candidum).

- Den Bruch mit einer Schaumkelle randvoll in die Formen füllen.
- 24 Stunden abtropfen lassen.
- Den Bruch wiegen und pro kg 20 g Salz auf dem Käse verteilen.
- Den Käse ohne Form auf einem Gitterrost 24 Stunden abtropfen lassen, dabei 3 mal wenden.
- Wenn der Käse oberflächlich trocken ist, bei durchschnittlich 12 °C und 90-95 % Feuchte reifen lassen.
- Jeden Tag einmal wenden.
- Wenn der Käse mit weißem Edelschimmel überzogen ist, (ca. 10 Tage) kann er bereits verzehrt werden.
- Er kann aber auch weiter gereift werden, dazu in luftdurchlässiges Käsepapier einwickeln und im Kühlschrank bei 2-5 °C reifen.
- Nach 2 Monaten ist er kräftig gereift, wie ein Camembert. Der Käse kann aber auch schon früher gegessen werden.

Eine besondere Reifeart im Glas.

- Dazu, wie oben beschrieben den Bruch bereiten.
- Aber in einer großen Form mit Löchern oder einem Käsetuch 24 Stunden abtropfen lassen.
- Den Bruch wiegen und mit 20 g Salz je kg Masse vermengen.
- Sturzgläser mit Bruch halbvoll füllen, den Bruch glatt streichen.
- Den Deckel nur auflegen, aber nicht verschließen, da der Bruch noch gärt/säuert.
- Bei durchschnittlich 12 °C lagern.
- Die Gläser jeden Tag öffnen und die Deckel abtrocknen.
- Nach ca. 10 Tagen sollte sich weißer Edelschimmel gebildet haben.
- Nun die Gläser verschließen und im Kühlschrank bei 2-5 °C reifen lassen, die Feuchte spielt wegen dem Glas keine Rolle.
- Die Gläser alle 2 Tage öffnen und die Deckel abtrocknen.

Bei dieser Reifemethode entsteht eine Doppelreife, der Käse bildet nun auch eine leichte Schmierrinde, was ihm einen besonderen Duft und Geschmack gibt. Die Reife dauert gewöhnlich 4-8 Wochen. Der Käse wird immer stärker im Duft und Geschmack.
Sie bestimmen, wann Sie ihn verzehren wollen.

Gereifter Kuhfrischkäse mit Weißschimmel:

Zutaten:

- 10 Liter rohe Kuhmilch.
- Starterkultur: Mesophile Kulturen nach Herstellerangaben, jedoch die 2,3-fache Menge oder 230 g aktive Butter- oder Sauermilch.
- Wenn keine Rohmilch verwendet wird, Penicillium candidum nach Herstellerangaben.
- Wenn keine Rohmilch verwendet wird, gesättigtes Calciumchlorid oder Chlorcalcium nach den Angaben des Herstellers.
- Die Hälfte der normalen Labmenge laut Herstellerangaben, in 50 g Wasser gelöst.
- 20 g Salz pro kg Bruchmasse.
- Frischkäseform Durchmesser 8,5 cm, Höhe 5 cm.
- Traditionelles Käsegewicht pro Stück 140 g.

Herstellung:

- Die Milch auf 10-12 °C erwärmen.
- Ein Zehntel der gesamten Starterkultur oder 30 g fertige Butter- oder Sauermilch untermischen und 12 Stunden lang bebrüten.
- Die Milch auf 32 °C erwärmen, die restliche Starterkultur beimengen.
- 1 Stunde bebrüten oder bis 6,1 pH erreicht ist.
- Die Milch auf 32 °C erwärmen.
- Wenn keine Rohmilch verwendet wird, Penicillium candidum zugeben.
- Das Lab und bei pasteurisierter Milch das Calcium zugeben.
- Die Wärmezufuhr stoppen.
- 8 Stunden abgedeckt bei Zimmertemperatur stehen lassen oder bis 4,6 pH.
- Die Gallerte mit einer Schöpfkelle randvoll in die Frischkäseformen füllen.
- Falls Rohmilch verwendet wird, 1 Liter Molke zum späteren Abwaschen am selben Ort wie die Käse aufbewahren.
- 24 Stunden bei Zimmertemperatur abtropfen lassen und sobald es der Bruch zulässt 2 mal wenden.
- Den Bruch wiegen und mit 20 g Salz je kg Masse salzen.
- Wenn Rohmilch verwendet wird, die Molke mit 15 g Salz vermengen.
- 24 Stunden ohne Form abtropfen lassen und dabei 4 mal wenden.
- Ab jetzt verfahren Sie nach der Anleitung:
  „Reifung mit weißem Edelschimmel“ ab Seite 61.
- Der Käse wird ca. 10 Tage im Reiferaum gereift.
- Nach der Reife wird der Käse in luftdurchlässiges Käsepapier eingepackt und im Kühlschrank bei 2-5 °C bis zum Verzehr weiter gereift.

Er ist im Kühlschrank bei 2-5 °C etwa 3 Wochen lagerfähig.

Gereifter Ziegenfrischkäse, Frischkäse mit Weißschimmel:

Zutaten:

- 10 Liter rohe Ziegenmilch.
- Starterkultur: Mesophile Kulturen nach Herstellerangaben, jedoch die doppelte Menge oder 200 g aktive Butter- oder Sauermilch.
- Wenn keine Rohmilch verwendet wird, Penicillium candidum nach den Herstellerangaben.
- Wenn keine Rohmilch verwendet wird, gesättigtes Calciumchlorid oder Chlorcalcium nach den Angaben des Herstellers.
- Ein Viertel der normalen Labmenge laut Herstellerangaben, in 50 g Wasser gelöst.
- 20 g Salz pro 1 kg Käsemasse.
- Frischkäseform 8 cm Durchmesser, 5 cm Höhe.
- Traditionelles Käsegewicht pro Stück 140 g.

Herstellung:

- Die Milch auf 23 °C erwärmen.
- Die Starterkultur in die Milch mischen und zugedeckt bei Zimmertemperatur 3 Stunden ruhen lassen oder bis 6,4 pH erreicht ist.
- Die Milch auf 23 °C erwärmen.
- Das Lab und falls keine Rohmilch verwendet wird, das Calcium untermischen. Wenn Penicilium candidum verwendet wird, dieses in die Milch mischen.
- Die Wärmezufuhr stoppen.
- Die Milch abgedeckt bei Zimmertemperatur 18-36 Stunden ruhen lassen oder bis 4,6 pH erreicht ist.
- Die Gallerte auf Festigkeit prüfen (Fingertest Seite 32).
- Wenn die Gallerte fest ist, in 15 cm Stücke schneiden.
- Den Bruch 30 Minuten ruhen lassen.
- Den Bruch in ein Käsetuch füllen.
- Falls Rohmilch verwendet wird, 1 Liter Molke zum späteren Abwaschen am selben Ort wie die Käse aufbewahren.
- Das Käsetuch aufhängen und 5-8 Stunden abtropfen lassen.
- Den Bruch randvoll in Frischkäseformen mit 8 cm Durchmesser füllen.
- Sobald der Käse gewendet werden kann, wenden.
- Der Käse wird ab dem Einfüllen 24 Stunden getrocknet.
- Nach 24 Stunden aus der Form nehmen.
- Den Käse wiegen und mit 20 g Salz je kg Käsemasse salzen.
- Wenn Rohmilch verwendet wird, die Molke mit 15 g Salz vermengen.
- Weitere 2-3 Tage bei 13 °C und 75-85 % Luftfeuchte auf Gittern trocknen lassen, dabei 4 mal wenden.
- Ab jetzt verfahren Sie weiter nach der Anleitung:
  „Reifung mit weißem Edelschimmel" ab Seite 61.
- Danach wird der Käse im Kühlschrank bei 6 °C für 5-10 Stunden oberflächlich getrocknet.

Den Käse man direkt verzehren oder in luftdurchlässiges Käsepapier einpacken und im Kühlschrank 2-3 Wochen weiter lagern.

Weichkäse

Feta Art:

Zutaten:

- 10 Liter Kuhmilch.
- Starterkultur: Mesophile Kulturen nach Herstellerangaben oder 100 g aktive Butter- oder Sauermilch.
- Wenn keine Rohmilch verwendet wird, gesättigtes Calciumchlorid oder Chlorcalcium nach den Angaben des Herstellers.
- Die normale Labmenge laut Hersteller, in 50 g Wasser gelöst.
- 40 g Salz je kg Bruchmasse, um den Bruch zu salzen.
- Hartkäseform 10 cm Durchmesser.

Herstellung:

- Die Milch auf 34 °C erwärmen.
- Starterkultur zugeben, 1 Stunde stehen lassen oder bis 6,55 pH.
- Erneut auf 32 °C erwärmen.
- Das Lab und bei pasteurisierter Milch das Calcium untermischen.
- Die Wärmezufuhr stoppen.
- Die Milch abgedeckt 60 Minuten ruhen lassen oder bis 6,5 pH.
- Die Gallerte auf Festigkeit prüfen (Fingertest Seite 32).
- Gallerte in 1,5 cm Würfel schneiden.
- Den Bruch ruhen lassen und nach 5 Minuten sanft umrühren.
- Falls erforderlich den Bruch nochmal nachschneiden.

- Ab jetzt alle 15 Minuten den Bruch aufrühren, falls erforderlich den Bruch nachschneiden.
- Wenn der Bruch die Festigkeit, wie das Weiße von einem 3-Minuten-Ei oder 6,3 pH hat, ist er fertig.
- Den Bruch 5 Minuten ruhen lassen, dann zum Abtropfen in ein Sieb geben.
- Nach 5 Minuten das Gewicht des Bruchs ermitteln und mit der entsprechenden Salzmenge vermischen.
- Die Bruchmasse mehrfach wenden, damit sie gut abtropft.
- Je kg Bruchmasse braucht man später etwa die Hälfte vom Gewicht an Molke. Diese wird mit 100 g Salz je Liter vermischt. Die Lake muss wegen des pH-Wertes im selben Raum gelagert werden, wo der Käse abtropft.
- Wenn das starke Tropfen nach ca. 15 Minuten fertig ist, den Bruch in eine 10 cm Käseform stopfen, in der er später gepresst wird.
- Den Käse mit 2 kg Gewicht pressen. Am besten warme Molke verwenden, damit der Bruch länger warm bleibt.
- Solange der Bruch noch warm ist, alle 10 Minuten wenden.
- Wenn der Bruch erkaltet ist, für 12 Stunden ohne Gewicht stehen lassen.
- Den Käse in 1,5 cm dicke Scheiben schneiden.
- Diese Scheiben auf die Größe des Reifegefäßes zuschneiden.
- Die Scheiben in einer Schüssel salzen, so viel Salz verwenden, wie die Scheiben anhaften lassen.
- Die Scheiben auf Gitterroste legen und trocknen lassen.
- Dabei immer wieder wenden.
- Nach 24-48 Stunden sind die Scheiben trocken.
- Nun die Scheiben in das Reifegefäß geben und mit Salzlake auffüllen, bis keine Luft mehr im Gefäß ist. Man kann den Käse auch in Würfel schneiden und diese in das Gefäß geben, so ist die spätere Entnahme einfacher.
- Das Gefäß bei 2-12 °C lagern. Je kühler es ist, umso haltbarer wird der Käse. Er braucht aber auch viel länger, bis er gereift ist. Der Feta reift nun mindestens 6 Wochen. Wenn er länger reift, wird er noch besser.

Da der Käse versalzen ist, muss er vor dem Verzehr noch in Wasser gelegt werden. Siehe **„Reifung in Lake“** ab Seite 74.

Weiße Edelschimmelkäse

Brie/Camembert Art (Weichkäse):

Beide Käse haben dieselbe Herstellung, der Unterschied liegt in der Größe der Käse und somit auch der Reifedauer. Camembert hat ein traditionelles Gewicht von 80-400 g, Brie von 1-3 kg.

Zutaten:

- 10 Liter rohe Kuhmilch.
- Starterkultur: Mesophile Kulturen nach Herstellerangaben oder 100 g aktive Sauermilch.
- Wenn keine Rohmilch verwendet wird, Penicillium candidum nach Herstellerangaben.
- Wenn keine Rohmilch verwendet wird, gesättigtes Calciumchlorid oder Chlorcalcium nach den Angaben des Herstellers.
- Ein Drittel der normalen Labmenge laut Herstellerangaben, in 50 g Wasser gelöst.
- 20 g Salz pro 1 kg Käsemasse.
- Für Camembert: Weichkäseform 8-10 cm Durchmesser, 3 cm Höhe.
- Für Brie: Weichkäseform 20-35 cm Durchmesser, 5 cm Höhe.

Herstellung:

- Die Starterkultur in die Milch mischen und 12 Stunden lang bei 10- 15 °C ruhen lassen.
- Die Milch auf 33 °C erwärmen, 1 Stunde ruhen lassen oder bis 6,1 pH erreicht ist.
- Erneut auf 33 °C erwärmen.
- Wenn Penicillium candidum verwendet wird, dieses in die Milch mischen.
- Das Lab und bei pasteurisierter Milch auch das Calcium untermischen.
- Die Wärmezufuhr stoppen und dann bei Zimmertemperatur abgedeckt 60 Minuten ruhen lassen.
- Die Gallerte auf Festigkeit prüfen (Fingertest Seite 32).
- Gallerte in 2 cm Würfel schneiden.
- Den Bruch ruhen lassen und nach 5 Minuten sanft umrühren.
- Falls erforderlich, den Bruch nochmal nachschneiden.
- Nun bis zu 40 Minuten immer wieder sanft rühren.
- Wenn der Bruch die Festigkeit, wie das Weiße von einem 3-Minuten-Ei hat, ist er fertig.
- Den Bruch in die gewünschte Form füllen.
- Für das Naturreifeverfahren 1 Liter Molke zum Abwaschen aufbewahren und am selben Ort wie die Käse lagern.
- Nach 10 Minuten wenden, dann nach 20 Minuten und nach 30 Minuten wenden. Nach 6 Stunden noch einmal wenden.
- Der Käse wird ab dem Einfüllen 24 Stunden lang getrocknet.
- Nach 24 Stunden aus der Form nehmen.
- Den Käse wiegen und mit 20 g Salz je kg Käsemasse salzen.
- Für das Naturreifeverfahren 15 g Salz in die Molke geben.
- Weitere 24 Stunden trocknen lassen, dabei 4 mal wenden.
- Ab jetzt verfahren Sie nach der Anleitung: „**Das Anzüchten des Weißschimmels**" ab Seite 61.

Die gesamte Reifedauer bei Camembert beträgt 2-5 Wochen.
Die gesamte Reifedauer bei Brie beträgt 6-10 Wochen.
Diese Zeiten beinhalten auch das Lagern und somit Reifen im Kühlschrank bei 2-5 °C.

Weichkäse mit Rotschmiere

Limburger Art:

Zutaten:

- 10 Liter rohe Kuhmilch.
- Starterkultur: Mesophile Kulturen nach den Angaben des Herstellers oder 100 g aktive Sauermilch.
- Wenn keine Rohmilch verwendet wird, Geotrichum candidum für die Waschlake, nach Herstellerangaben.
- Wenn keine Rohmilch verwendet wird, gesättigtes Calciumchlorid oder Chlorcalcium nach den Angaben des Herstellers.
- Rotschmierekulturen nach Herstellerangaben.
- Normale Labmenge laut Hersteller, in 50 g Wasser gelöst.
- 20 g Salz pro kg Käsemasse.
- Quadratische Form Höhe 4-5 cm.
- Traditionelles Käsegewicht pro Stück 80-180 g.

Herstellung:

- Die Milch auf 33 °C erwärmen, die Starterkultur zugeben und 1 Stunde stehen lassen.
- Auf 33 °C erwärmen, das Lab und bei pasteurisierter Milch das Calcium untermischen.
- Die Milch bei Zimmertemperatur abgedeckt 60 Minuten ruhen lassen.
- Die Gallerte auf Festigkeit prüfen (Fingertest Seite 32) und in 2 cm Würfel schneiden.
- Den Bruch ruhen lassen und nach 5 Minuten sanft umrühren.
- Falls erforderlich den Bruch nochmal nachschneiden.
- Nun bis zu 40 Minuten immer wieder sanft rühren.
- Wenn der Bruch die Festigkeit, wie das Weiße von einem 3-Minuten-Ei hat, ist er fertig.
- Nun die gewünschten Formen, mit dem Bruch randvoll füllen, aber nicht stopfen.

- 1 Liter der Molke zum Abwaschen aufbewahren, am selben Ort wie den Käse lagern.
- Wenn sich der Bruch verfestigt hat, die Käse wenden.
- Nach weiteren 2 Stunden erneut wenden.
- Der Käse wird ab dem Einfüllen 24 Stunden getrocknet.
- Nun werden aus der Molke 2 unterschiedliche Laken hergestellt.
- Geben Sie in 250 ml Molke die Rotschmiere-Kultur, 4 g Salz und falls Sie keine Rohmilch verwenden auch Geotrichum candidum. Mit dieser Lake wird der Käse in der ersten Woche geschmiert.
- Versetzen Sie 750 ml Molke mit 37-75 g Salz und Rotschmiere-Kultur. Diese Lake wird für die Schmierung während der restlichen Reifezeit verwendet. Lagern Sie beide Laken am selben Ort wie den Käse.
- Den Käse nach 24 Stunden aus der Form nehmen.
- Den Käse wiegen und mit 20 g Salz je kg Käsemasse salzen.
- Weitere 24 Stunden trocknen lassen, dabei 4 mal wenden.
- Den Käse in den Reiferaum bringen. Er wird bei 12-15 °C und 90-95 % Luftfeuchte auf Gitterrosten gereift.
- Ab dem ersten Reifetag, den Käse eine Woche lang, alle 2 Tage mit der ersten Lake einschmieren und wenden.
- Ab der zweiten Woche schmieren Sie die Käse alle 2 Tage, mit der Lake, die nur Rotschmiere-Kulturen und Salz enthält. Den Käse danach jedes mal wenden.
- Der Käse wird solange geschmiert, bis sich die Rotschmiere gebildet hat. Das dauert im Regelfall 2 Wochen.
- Auch wenn nicht mehr geschmiert wird, sollte der Käse während dem gesamten Reifeverlauf, alle 2 Tage gewendet werden.
- Nach 2-4 Wochen sollte sich dezent der typische Duft und die Farbe entwickelt haben. Ansonsten weiter schmieren.
- Die Reife dauert 4-8 Wochen. Der Käse kann aber zu jedem Zeitpunkt gegessen werden.
- Je länger er reift, umso intensiver wird der Geschmack.

Französischer Weichkäse mit Schmierrinde:

Zutaten:

- 10 Liter rohe Kuhmilch
- Starterkultur: Mesophile Kulturen nach Herstellerangaben, jedoch die 1,5-fache Menge oder 150 g aktive Butter- oder Sauermilch.
- Wenn keine Rohmilch verwendet wird, Geotrichum candidum nach Herstellerangaben.
- Wenn keine Rohmilch verwendet wird, gesättigtes Calciumchlorid oder Chlorcalcium nach den Angaben des Herstellers.
- Rotschmierekulturen nach Herstellerangaben.
- Die normale Labmenge laut Hersteller, in 50 g Wasser gelöst.
- 20 g Salz pro kg Käsemasse.
- Weichkäseform 12 cm Durchmesser, Höhe 5 cm.
- Traditionelles Käsegewicht pro Stück 600 g.

Herstellung:

- Die Milch auf 10-12 °C erwärmen.
- ⅓ der Starterkultur oder 50 g fertige Butter- oder Sauermilch untermischen und 12 Stunden bebrüten.
- Die Milch auf 33 °C erwärmen.
- Den Rest der Starterkultur untermischen.
- 1 Stunde bebrüten oder bis 6,5 pH erreicht ist.
- Die Milch erneut auf 33 °C erwärmen.
- Das Lab, ein Drittel vom Geotrichum candidum und ein Drittel der Rotschmiere-Kultur zugeben.
- Bei pasteurisierter Milch noch das Calcium untermischen.
- Die Milch bei Zimmertemperatur abgedeckt 60 Minuten ruhen lassen.
- Die Gallerte auf Festigkeit prüfen (Fingertest Seite 32) und in 2 cm Würfel schneiden.
- Den Bruch ruhen lassen und nach 15 Minuten sanft umrühren.
- Falls erforderlich den Bruch nochmal nachschneiden.
- Nach 15 Minuten sanft rühren.

- Nach weiteren 15 Minuten sanft rühren.
- Die Formen mit dem Bruch randvoll füllen, aber nicht stopfen.
- Molke zum Abwaschen aufbewahren.
- Wenn sich der Bruch verfestigt hat wenden.
- Wenden Sie die Käse innerhalb 24 Stunden 4 mal.
- Der Käse wird ab dem Einfüllen 24 Stunden getrocknet oder bis 5 pH erreicht ist.
- Nun werden aus der Molke 2 unterschiedliche Laken hergestellt.
- Geben Sie in 250 ml Molke 4 g Salz und die restlichen zwei Drittel Geotrichum candidum. Mit dieser Lake wird der Käse in der ersten Woche geschmiert.
- Versetzen Sie 750 ml Molke mit 37-75 g Salz und den restlichen zwei Dritteln Rotschmiere-Kultur. Diese Lake wird für die Schmierung während der restlichen Reifezeit verwendet.
- Den Käse aus der Form nehmen.
- Die Käse wiegen und mit 20 g Salz je kg Käsemasse salzen.
- Weitere 24 Stunden trocknen lassen, dabei 4 mal wenden.
- Den Käse im Reiferaum bei 14-16 °C und 95 % Feuchte auf Gitterrosten reifen lassen. Ab dem ersten Reifetag, den Käse eine Woche lang, alle 2 Tage mit der ersten Lake einschmieren und wenden.
- Ab der zweiten Woche schmieren Sie die Käse alle 2 Tage, mit der Lake, die nur Rotschmiere-Kulturen und Salz enthält. Den Käse danach jedes mal wenden. Der Käse wird damit 2 Wochen lang geschmiert.
- Auch wenn nicht mehr geschmiert wird, sollte der Käse, während dem gesamten Reifeverlauf, alle 2 Tage gewendet werden.
- Nach 2-4 Wochen sollte sich dezent der typische Duft und die Farbe entwickelt haben. Ansonsten weiter schmieren.
- Reifedauer 3-4 Wochen.
- Der Käse kann zu jedem Zeitpunkt gegessen werden.
- Je länger er reift, umso intensiver wird der Geschmack.

Romadur Art (Weichkäse):

Zutaten:

- 10 Liter Kuhmilch.
- Starterkultur: Mesophile Kulturen nach Herstellerangaben oder 100 g aktive Sauermilch.
- Wenn keine Rohmilch verwendet wird, Geotrichum candidum für die Waschlake, nach Herstellerangaben.
- Wenn keine Rohmilch verwendet wird, gesättigtes Calcium-chlorid oder Chlorcalcium nach den Angaben des Herstellers.
- Rotschmierekulturen nach Herstellerangaben.
- Die normale Labmenge laut Hersteller, in 50 g Wasser gelöst.
- 20 g Salz pro kg Käsemasse.
- Quadratische Käseform für 1 kg Käse oder mehrere kleinere.
- Traditionelles Käsegewicht pro Stück 125g.

Herstellung:

- Die Milch auf 31 °C erwärmen, die Starterkultur zugeben und 1 Stunde stehen lassen oder bis 6,5 pH erreicht ist.
- Die Milch erneut auf 31 °C erwärmen, dann das Lab und bei pasteurisierter Milch das Calcium untermischen.
- Die Wärmezufuhr stoppen.
- Die Milch bei Zimmertemperatur abgedeckt 60 Minuten ruhen lassen.
- Die Gallerte auf Festigkeit prüfen (Fingertest Seite 32).
- Die Gallerte in 2 cm Würfel schneiden.
- Den Bruch ruhen lassen und nach 5 Minuten sanft umrühren.
- Falls erforderlich den Bruch nochmal nachschneiden.
- Nun für 1 Stunde alle 15 Minuten kurz und sanft rühren. Oder so lange rühren bis 6,3 pH erreicht ist.
- Quadratische Formen mit Bruch randvoll füllen, nicht stopfen.
- 1 Liter der Molke zum Abwaschen aufbewahren.
- Wenn sich der Bruch verfestigt hat wenden.
- Wenden Sie die Käse 4 mal, jeweils nach einer Stunde.

- Der Käse wird ab dem Einfüllen 24 Stunden getrocknet, oder so lange bis 4,9 pH erreicht ist.
- Nun werden aus der Molke 2 unterschiedliche Laken hergestellt.
- Geben Sie in 250 ml Molke die Rotschmiere-Kultur, 4 g Salz und falls Sie keine Rohmilch verwenden auch Geotrichum candidum. Mit dieser Lake wird der Käse in der ersten Woche geschmiert.
- Versetzen Sie 750 ml Molke mit 37-75 g Salz und Rotschmiere-Kultur. Diese Lake wird für die Schmierung, während der restlichen Reifezeit verwendet.
- Den Käse nach 24 Stunden aus der Form nehmen.
- In Portionen von ca. 10 x 5 x 5 cm schneiden.
- Die Käse wiegen und mit 20 g Salz je kg Käsemasse salzen.
- Weitere 24 Stunden trocknen lassen, dabei 4 mal wenden.
- Den Käse in den Reiferaum bringen, bei 12-15 °C und 90-95 % Luftfeuchte auf Gitterrosten reifen lassen.
- Ab dem ersten Reifetag, den Käse eine Woche lang, alle 2 Tage mit der ersten Lake einschmieren und wenden.
- Ab der zweiten Woche schmieren Sie die Käse alle 2 Tage, mit der Lake, die nur Rotschmiere-Kulturen und Salz enthält. Den Käse danach jedes mal wenden. Der Käse wird solange geschmiert, bis sich die Rotschmiere gebildet hat. Das dauert im Regelfall 2 Wochen.
- Auch wenn nicht mehr geschmiert wird, sollte der Käse während dem gesamten Reifeverlauf, alle 2 Tage gewendet werden.
- Nach 2-4 Wochen sollten sich der typische Duft und die Farbe entwickelt haben. Ansonsten weiter schmieren.
- Der Käse kann zu jedem Zeitpunkt gegessen werden.
- Je länger er reift, umso intensiver werden der Duft und der Geschmack.

Weichkäse mit blau-grünem Edelschimmel

Gorgonzola Art (italienisch):

Zutaten:

- 10 Liter Kuhmilch.
- Starterkultur: Thermophile Kulturen Streptococcus thermophilus **und** Lactobacillus bulgaricus, jeweils die Normalmenge laut Herstellerangaben. Oder 200 g aktiven Joghurt.
- Wenn keine Rohmilch verwendet wird, gesättigtes Calciumchlorid oder Chlorcalcium nach den Angaben des Herstellers.
- Penicillium roqueforti Kultur nach Angaben des Herstellers.
- Die normale Labmenge laut Hersteller, in 50 g Wasser gelöst.
- 25 g Salz pro kg Käsemasse.
- Schnittkäseform 20-30 cm Durchmesser.
- Traditionelles Käsegewicht 4-12 kg.

Herstellung:

- Die Milch auf 30 °C erwärmen, die thermophilen Kulturen in die Milch mischen und 1 Stunde stehen lassen oder bis 6,5 pH.
- Auf 30 °C erwärmen.
- Penicillium roqueforti Kultur untermischen.

- Das Lab und bei pasteurisierter Milch auch das Calcium untermischen.
- Die Temperatur bis zur Entnahme des Bruchs halten und die Milch abgedeckt für 45 Minuten ruhen lassen.
- Die Gallerte auf Festigkeit prüfen (Fingertest Seite 32).
- Die Gallerte in 2 cm Würfel schneiden.
- Den Bruch 25 Minuten ruhen lassen, dann den Bruch erneut schneiden.
- Nun in Abständen von 5 Minuten sanft rühren, falls erforderlich den Bruch erneut schneiden.
- Wenn der Bruch die Festigkeit, wie das Weiße von einem 3-Minuten-Ei hat, ist er fertig.
- Den Bruch zum Abtropfen in ein großes Sieb geben.
- 45 Minuten oder bis 6 pH erreicht ist abtropfen lassen, der Bruch muss warm bleiben, immer wieder durchrühren.
- Die Bruchmasse in die Form füllen, dabei nur sanft stopfen, es sollen Luftlöcher im Käse sein.
- Zum Abtropfen, in der Form, auf einen Gitterrost stellen.
- Sobald der Käse wendbar ist wenden, dann nach 20 Minuten erneut wenden.
- 2 mal mit einem Zeitabstand von 6 Stunden wenden.
- Der Käse wird ab dem Einfüllen 24 Stunden oder bis 5 pH erreicht ist in der Form getrocknet. Dann aus der Form nehmen.
- Den Käse abwiegen und mit 25 g Salz je kg Käsemasse salzen.
- Ab dem Zeitpunkt, wenn das ganze Salz auf dem Käse ist, für 24 Stunden trocknen lassen, dabei 3 mal wenden.
- Der Käse kommt nun in den Reiferaum bei 8-12 °C und 90-97 % Feuchte.

Folgen Sie nun der Anleitung **„Die innere Reife mit Penicillium roqueforti“** ab: **Die Behandlung im Reiferaum** Seite 69.

Die Reifezeit beträgt 2-3 Monate. Den Käse während der gesamten Reifezeit alle 2 Tage wenden.

Vollmundiger doppelt gereifter Kuhkäse

(Innen mit blau-grünen Edelschimmel-Adern
und außen mit weißem Edelschimmel):

Zutaten:

- 10 Liter rohe Kuhmilch.
- Starterkultur: Mesophile Kulturen nach Herstellerangaben **und** thermophilen Kulturen, jedoch jeweils nur die halbe Menge. Oder 50 g aktiven Joghurt **und** 50 g aktive Butter- oder Sauermilch.
- Wenn keine Rohmilch verwendet wird, gesättigtes Calciumchlorid oder Chlorcalcium nach den Angaben des Herstellers.
- Reinkultur Penicillium roqueforti nach Herstellerangaben.
- Geotrichum candidum Kulturen zum Besprühen, nach Angaben des Herstellers. Jedoch die doppelte Menge.
- Die normale Labmenge laut Hersteller, in 50 g Wasser gelöst.
- 20 g Salz pro kg Käsemasse.
- Hartkäseform mit 20 cm Durchmesser.
- Traditionelles Käsegewicht pro Stück 2 kg.

Herstellung:

- Die Milch auf 34 °C erwärmen.
- Die Starterkulturen untermischen.
- 30 Minuten lang bebrüten oder bis 6,5 pH erreicht ist.
- Die Milch auf 34 °C erwärmen.
- Das Lab, den Penicillium roqueforti und bei pasteurisierter Milch auch noch das Calcium untermischen.
- Die Wärme beibehalten und die Milch abgedeckt 60 Minuten ruhen lassen.
- Die Gallerte auf Festigkeit prüfen (Fingertest Seite 32).
- Die Gallerte in 3 Schritten in 2 cm Würfel schneiden, nach jedem Schnitt 5 Minuten warten.
- Den Bruch ruhen lassen und nach 10 Minuten sanft umrühren.

- Falls erforderlich den Bruch nochmal nachschneiden.
- Der Bruch wird nun innerhalb der nächsten 50 Minuten alle 15 Minuten aufgerührt.
- Nach dem letzten Rühren den Bruch 5 Minuten am Boden ruhen lassen.
- Den Bruch in ein Sieb füllen und 5 Minuten abtropfen lassen, dabei sanft rühren.
- Den Bruch zerkleinern und in die Formen füllen, aber nicht zu arg stopfen, es soll Luft im Bruch sein.
- Wenn sich der Bruch verfestigt hat wenden.
- Wenden Sie ihn innerhalb der nächsten 24 Stunden 4 mal.
- Der Käse wird ab dem Einfüllen 24 Stunden getrocknet oder bis er 4,9 pH erreicht hat.
- Den Käse aus der Form nehmen.
- Den Käse wiegen und mit 20 g Salz je kg Käsemasse salzen.
- Weitere 24 Stunden trocknen lassen, dabei 4 mal wenden.

Wenn der Käse oberflächlich trocken ist, verfahren Sie wie in der Anleitung: „Doppelschimmelkäse innere und äußere Reife“ ab Seite 71.

<u>**Diese Reifeart mit Schimmel ist die Schwierigste.**</u>
Da der Käse mit blau-grünen Schimmelsporen versehen ist, ist dieser sehr stark vertreten. Deswegen muss die Konzentration des weißen Edelschimmels sehr hoch sein, damit dieser die Überhand gewinnt.

Falls sich nach dem Besprühen der Weißschimmelkulturen doch der blau-grüne Edelschimmel bilden sollte, erhöhen Sie bei der nächsten Käseproduktion die Menge an Weißschimmelkulturen, damit der Schimmel besser anwächst.

Halbfester Schnittkäse

Halbfester Schnittkäse mit blau-grünem Edelschimmel

Roquefort Art (französischer halbfester Schnittkäse):

Zutaten:

- 10 Liter rohe Schafmilch.
- Starterkultur: Gasbildende mesophile Kulturen nach Herstellerangaben, jedoch nur die Hälfte der Normalmenge. Oder 65 g aktive Butter- oder Sauermilch.
- Wenn keine Rohmilch verwendet wird, gesättigtes Calciumchlorid oder Chlorcalcium nach den Angaben des Herstellers.
- Penicillium roqueforti Kultur nach Angaben des Herstellers.
- Die normale Labmenge laut Hersteller, in 50 g Wasser gelöst.
- 30 g Salz pro 1 kg Käsemasse.
- Schnittkäseform mit 20 cm Durchmesser.
- Traditionelles Käsegewicht 2 kg.

Herstellung:

- Die Milch auf 32 °C erwärmen, die mesophile Kultur in die Milch mischen und 1 Stunde stehen lassen oder bis 6,5 pH erreicht ist.

- Auf 32 °C erwärmen.
- Penicillium roqueforti Kultur untermischen.
- Das Lab und bei pasteurisierter Milch noch das Calcium untermischen.
- Die Temperatur halten und die Milch abgedeckt 2 Stunden ruhen lassen.
- Die Gallerte in 2 cm Würfel schneiden.
- Den Bruch 50 Minuten sanft rühren, die Temperatur halten.
- Falls erforderlich den Bruch nochmal nachschneiden.
- Den Bruch aus der Molke nehmen und auf einem Käsetuch verteilen und auflockern.
- Den Bruch zerkrümeln und sanft in eine 2 kg Form stopfen.
- Zum Abtropfen, in der Form, auf einen Gitterrost stellen.
- Den Käse alle 5 Stunden wenden.
- Nach 48 Stunden aus der Form nehmen und weiterhin alle 5 Stunden wenden, bis der Käse oberflächlich trocken ist.
- Den Käselaib abwiegen und mit 30 g Salz je kg Masse salzen.
- Den Käse alle 8 Stunden wenden und trocknen lassen.
- Wenn der Käse oberflächlich trocken ist, wird der Käse gelöchert. Dazu mit einem Schaschlikspieß, vom Boden und Deckel zur Mitte hin, in einem Abstand von 2,5 cm in den Käse stechen. Den Spieß mit der flachen Seite voraus in den Käse stechen, nicht mit der Spitze, denn sonst verschließen sich die Löcher später wieder.
- Der Käse kommt nun in den Reiferaum und wird bei 8-12 °C und 90-95 % Feuchte gelagert.
- Falls Schimmel an der Oberfläche sein sollte, diesen mit einem Messer abschaben, die Löcher müssen unbedingt offenbleiben.
- Diese erste Reife mit Sauerstoff dauert 2-4 Wochen.
- Sobald der Käse den gewünschten Schimmelgrad erreicht hat, den Käse luftdicht in Folie verpacken und im Kühlschrank bei 2-9 °C weiter reifen lassen. Die Reifezeit im Kühlschrank beträgt 4-12 Monate, dabei einmal pro Woche wenden.

Halbfeste Schnittkäse mit Trockenrinde

Französischer Bergbauern-Käse (halbfester Schnittkäse):

Zutaten:

- 10 Liter rohe Kuhmilch.
- Starterkultur: Mesophile Kulturen **und** thermophile Kulturen nach Herstellerangaben, aber jeweils nur die halbe Menge. Oder 50 g aktiven Joghurt **und** 50 g aktive Butter- oder Sauermilch.
- Wenn keine Rohmilch verwendet wird, gesättigtes Calciumchlorid oder Chlorcalcium nach den Angaben des Herstellers.
- Die normale Labmenge laut Hersteller, in 50 g Wasser gelöst.
- 20 g Salz pro kg Käsemasse.
- Weichkäseform Durchmesser 14 cm, Höhe 4 cm.
- Käsetücher.
- Traditionelles Käsegewicht 500 g.

Herstellung:

- Die Milch auf 33 °C erwärmen.
- Die Starterkulturen untermischen.
- 20 Minuten lang bebrüten oder bis 6,5 pH erreicht ist.
- Die Milch auf 33 °C erwärmen.
- Das Lab und bei pasteurisierter Milch noch das Calcium untermischen.
- Die Temperatur halten und die Milch abgedeckt 45 Minuten ruhen lassen.
- Die Gallerte auf Festigkeit prüfen (Fingertest Seite 32) und in 1 cm Würfel schneiden.
- Den Bruch auf 34 °C erwärmen und 10 Minuten sanft rühren.
- Den Bruch 10 Minuten absitzen lassen.
- Den Bruch in die mit Käsetüchern ausgelegten Formen füllen, mit einem Deckel abdecken und mit 2 kg Gewicht pressen.
- Nach 20 Minuten wenden und weiter pressen.
- Solange der Käse noch warm ist, erneut 2 mal wenden.
- Der Käse tropft insgesamt 12 Stunden ab oder bis 5,7 pH erreicht ist. Dabei 5 mal wenden und die ganze Zeit mit 2 kg Gewicht pressen.
- Wenn der Käse eine feste Form bekommen hat, kann das Käsetuch entfernt werden.
- Den Käse wiegen und mit 20 g Salz je kg Käsemasse salzen.
- Weitere 24 Stunden ohne Form trocknen lassen, dabei 4 mal wenden.
- Im Reiferaum, auf Gittern, bei 13-15 °C und 90 % Luftfeuchte für 7 Tage trocknen lassen, dabei täglich wenden.
- Die relative Luftfeuchte auf 95 % erhöhen, die Temperatur bleibt weiterhin bei 13-15 °C.
- 3-4 Wochen lang, alle 2 Tage, mit kaltem Wasser abwaschen und wenden.

Vor dem Verzehr oder dem Verpacken die Oberfläche mit einem Messer abschaben und trocknen lassen.

Italienischer Bauernkäse (halbfester Schnittkäse):

Zutaten:

- 10 Liter rohe Kuhmilch.
- Starterkultur: Streptococcus thermophilus **und** Lactobacillus bulgaricus Kulturen nach Angaben des Herstellers. Oder 200 g aktiven Joghurt.
- Wenn keine Rohmilch verwendet wird, gesättigtes Calcium-chlorid oder Chlorcalcium nach den Angaben des Herstellers.
- Die normale Labmenge laut Hersteller, in 50 g Wasser gelöst.
- 20 g Salz pro kg Käsemasse.
- Ein Käsetuch.
- Weichkäseform quadratisch 20 x 20 cm, Höhe 10 cm.
- Traditionelles Käsegewicht 2 kg.

Herstellung:

- Die Milch auf 35 °C erwärmen.
- Die Starterkulturen untermischen.
- 1 Stunde bebrüten oder bis 6,3 pH erreicht ist.
- Die Milch auf 35 °C erwärmen.
- Das Lab und bei pasteurisierter Milch noch das Calcium untermischen.
- Die Wärmezufuhr stoppen.

- Die Milch abgedeckt 20 Minuten ruhen lassen.
- Die Gallerte wird bei dieser Zubereitungsart, im noch weichen Zustand, in 2 cm Würfel geschnitten.
- Den Bruch ruhen lassen bis Molke über dem Bruch steht.
- Dann den Bruch in 1 cm Würfel schneiden.
- Den Bruch 5 Minuten absitzen lassen.
- Die Form mit einem Käsetuch auslegen, den Bruch einfüllen und mit einem Deckel abdecken.
- Den Bruch dabei warm halten.
- Nach 15 Minuten den Käse mitsamt dem Tuch wenden, anschließend wieder abdecken.
- Wenn der Käse eine feste Form bekommen hat, kann das Käsetuch entfernt werden.
- Nach 2 Stunden erneut wenden und wieder abdecken.
- Nach 4 Stunden wenden und wieder abdecken.
- Nach 4 Stunden wenden und wieder abdecken.
- Der Käse tropft insgesamt 12 Stunden ab oder bis 5 pH.
- Der Käse sollte nun eine feste Form bekommen haben.
- Den Käse aus der Form nehmen, wiegen und mit 20 g Salz je kg Käsemasse salzen.
- Weitere 24 Stunden offen trocknen lassen, dabei 4 mal wenden.
- Im Reiferaum, auf Gittern, bei 7 °C und 90 % Luftfeuchte reifen.
- Eine Woche lang alle 2 Tage mit einem trockenen Tuch abreiben und wenden.
- Den Käse in Pergamentpapier einpacken und 4 Wochen lang im Kühlschrank bei 7 °C reifen lassen.
- Den Käse während der gesamten Reifezeit alle 2 Tage wenden.

Vor dem Verzehr oder Verpacken die Oberfläche des Käses mit einem Messer abschaben und trocknen lassen.

Vollmundiger, geräucherter Kuhkäse (halbfester Schnittkäse):

Zutaten:

- 10 Liter rohe Kuhmilch.
- Starterkultur: Mesophile Kulturen nach Herstellerangaben oder 100 g aktive Butter- oder Sauermilch.
- Wenn keine Rohmilch verwendet wird, gesättigtes Calcium-chlorid oder Chlorcalcium nach den Angaben des Herstellers.
- Die normale Labmenge laut Hersteller, in 50 g Wasser gelöst.
- 15 g Salz pro kg Käsemasse.
- Hartkäseform Durchmesser 22 cm.
- Traditionelles Käsegewicht 3 kg.

Herstellung:

- Die Milch auf 20 °C erwärmen.
- Die Starterkultur untermischen und 1 Stunde bebrüten.
- Die Milch auf 30 °C erwärmen.
- Das Lab und bei pasteurisierter Milch noch das Calcium untermischen.
- Die Temperatur halten und die Milch abgedeckt 45 Minuten ruhen lassen.

- Die Gallerte auf Festigkeit prüfen (Fingertest Seite 32).
- Die Gallerte von Hand oder mit einem Schneebesen auf eine Größe von 0,7 cm rühren.
- Den Bruch auf 32 °C erwärmen und 15 Minuten sanft rühren.
- 2 Liter Wasser auf 34 °C erwärmen.
- 2 Liter Molke ablassen.
- Das 34 °C warme Wasser zum Bruch geben und innerhalb von 4 Minuten auf 37 °C erwärmen, dabei sanft rühren.
- Den Bruch 5 Minuten lang rühren.
- Den Bruch in eine Form mit 20 cm Durchmesser geben.
- Nach 10 Minuten den Käse wenden.
- Mit einem Deckel abdecken und mit 30 kg Gewicht pressen.
- Nach 30 Minuten wenden und das Gewicht auf 50 kg erhöhen.
- 20 Minuten lang pressen, dann den Käse wenden.
- Das Gewicht auf 80 kg erhöhen und 20 Minuten pressen.
- Nun ohne Gewicht und ohne Form, weitere 12 Stunden trocknen lassen, dabei 4 mal wenden.
- Den Käse wiegen und mit 15 g Salz je kg Käsemasse salzen.
- 24 Stunden ohne Form trocknen lassen, dabei 4 mal wenden.
- Sollte der Käse noch nicht trocken sein, weiter trocknen lassen.
- Der Käse wird nun geräuchert, siehe **„Räuchern“** ab Seite 82.
- Beim Räuchern immer ein Räuchergang von ca. 6 Stunden, danach den Käse wenden.
- 1 Tag Pause einlegen.
- Räuchern Sie so nach Belieben 2-8 mal.
- Nach der letzten Pause kommt der Käse in den Reiferaum.
- Er reift dort auf Gittern, bei 12 °C und 75 % Luftfeuchte.
- 3 Wochen reifen lassen und alle 2 Tage wenden.
- Falls Schimmel aufgetreten sein sollte, vor dem Verzehr oder vor dem Verpacken, die Oberfläche durch Abschaben säubern.
- Den Käse anschließend gut trocknen lassen.

Halbfeste Schnittkäse mit Rotschmiere

Französischer halbfester Schnittkäse mit Rotschmiere:

Zutaten:

- 10 Liter rohe Kuhmilch.
- Starterkultur: Mesophile Kulturen nach Angaben des Herstellers, jedoch nur die halbe Menge. Oder 65 g aktive Butter- oder Sauermilch.
- Wenn keine Rohmilch verwendet wird, gesättigtes Calciumchlorid oder Chlorcalcium nach den Angaben des Herstellers.
- Die normale Labmenge laut Hersteller, in 50 g Wasser gelöst.
- 20 g Salz pro kg Käsemasse.
- Rotschmiere-Kulturen nach Angaben des Herstellers.
- Wenn keine Rohmilch verwendet wird, zusätzlich Geotrichum candidum nach den Angaben des Herstellers.
- Weichkäseform Durchmesser 20 cm, Höhe 10 cm.
- Traditionelles Käsegewicht 1,7 kg.

Herstellung:

- Die Milch auf 32 °C erwärmen.
- Die Starterkultur untermischen.
- 45 Minuten bebrüten oder bis 6,6 pH erreicht ist.
- Die Milch auf 32 °C erwärmen.
- Das Lab und bei pasteurisierter Milch noch das Calcium untermischen.
- Die Wärmezufuhr stoppen und die Milch abgedeckt 1 Stunde ruhen lassen.
- Die Gallerte auf Festigkeit prüfen (Fingertest Seite 32).
- Die Gallerte von Hand oder mit einem Schneebesen auf eine Größe von 0,5 cm rühren.
- Den Bruch auf 32 °C erwärmen und 20 Minuten sanft rühren.
- Den Bruch auf den Boden drücken und zusammendrücken.
- In Portionen schneiden, damit er gut in die Form passt.

- Den Bruch in die Form füllen.
- Den Käse wenden, mit einem Deckel abdecken und mit 30 kg beschweren.
- Nun aus der Molke 2 unterschiedliche Laken herstellen.
- Geben Sie in 250 ml Molke die Rotschmiere-Kultur, 4 g Salz und falls Sie keine Rohmilch verwenden auch noch Geotrichum candidum. Mit dieser Lake wird der Käse in der ersten Woche geschmiert.
- Versetzen Sie 750 ml Molke mit 37-75 g Salz und Rotschmiere-Kultur. Diese Lake wird für die Schmierung, während der restlichen Reifezeit verwendet.
- Den Käse nach 20 Minuten wenden.
- Solange der Käse noch warm ist, mehrfach wenden.
- Der Käse wird 12 Stunden oder bis 5,4 pH gepresst.
- Den Käse wiegen und mit 20 g Salz je kg Käsemasse salzen.
- Weitere 24 Stunden in der Form abtropfen lassen, dabei 4 mal wenden.
- Den Käse aus der Form nehmen und 24 Stunden trocknen lassen.
- Sollte der Käse noch nicht trocken sein weiter trocknen lassen.
- Sobald er trocken ist, im Reiferaum, auf Gittern, bei 12-13 °C und 90-95 % Luftfeuchte, 5 Wochen reifen lassen.
- Ab dem ersten Reifetag, den Käse eine Woche lang, alle 2 Tage mit der ersten Lake einschmieren und wenden.
- Ab der zweiten Woche schmieren Sie den Käse alle 2 Tage, mit der Lake, die nur Rotschmiere-Kulturen und Salz enthält.
- Den Käse danach jedes mal wenden.
- Der Käse wird solange alle 2 Tage geschmiert, bis sich die Rotschmiere gebildet hat. Das dauert im Regelfall 2 Wochen. Danach noch einmal in der Woche schmieren.
- Der Käse sollte während dem gesamten Reifeverlauf, alle 2 Tage gewendet werden.

Vor dem Verpacken die Oberfläche abwaschen und trocknen lassen.

Heuberger Kuh-Schnittkäse:

Zutaten:

- 10 Liter Kuhmilch.
- Starterkultur: Mesophile Kulturen nach Herstellerangaben, jedoch die doppelte Menge. Oder 200 g aktive Butter- oder Sauermilch.
- Wenn keine Rohmilch verwendet wird, gesättigtes Calciumchlorid oder Chlorcalcium nach den Angaben des Herstellers.
- Die normale Labmenge laut Hersteller, in 50 g Wasser gelöst.
- 20 g Salz pro kg Käsemasse.
- Rotschmiere-Kulturen nach Angaben des Herstellers.
- Wenn keine Rohmilch verwendet wird, zusätzlich Geotrichum candidum nach Angaben des Herstellers.
- Schnittkäseform Durchmesser 27 cm, Höhe 4 cm.
- Traditionelles Käsegewicht 2,5 kg.

Herstellung:

- Die Milch auf 34 °C erwärmen.
- Die Starterkultur untermischen.
- 30 Minuten bebrüten oder bis 6,6 pH erreicht ist.
- Milch auf 32 °C erwärmen.
- Das Lab und bei pasteurisierter Milch noch das Calcium untermischen.
- Die Temperatur beibehalten und die Milch abgedeckt für 30 Minuten ruhen lassen.
- Die Gallerte auf Festigkeit prüfen (Fingertest Seite 32).
- Die Gallerte von Hand oder mit einem Schneebesen auf eine Größe von 0,5 – 1 cm rühren.
- Den Bruch auf 32 °C erwärmen und 20 Minuten sanft rühren.
- 5 Liter Wasser auf 36 °C erwärmen.
- 1 Liter Molke abschöpfen und aufbewahren.
- 5 Liter vom 36 °C warmen Wasser zum Bruch geben.
- Dann die Bruchmasse um 1 °C pro Minute auf 36 °C erwärmen, dabei sanft rühren.

- Den Bruch 30 Minuten langsam rühren.
- Den Bruch in die Form füllen.
- Den Käse nach 15 Minuten wenden und warm halten.
- Den Käse nach 20 Minuten erneut wenden.
- Solange der Käse noch warm ist, erneut wenden.
- Der Käse tropft 24 Stunden oder bis 5,1 pH erreicht ist ab, dabei 4 mal wenden.
- Nun aus der Molke 2 unterschiedliche Laken herstellen.
- Geben Sie in 250 ml Molke die Rotschmiere-Kultur und 4 g Salz und falls Sie keine Rohmilch verwenden Geotrichum candidum. Mit dieser Lake wird der Käse in der ersten Woche geschmiert.
- Versetzen Sie 750 ml Molke mit 37-75 g Salz und Rotschmiere-Kultur. Diese Lake wird für die Schmierung, während der restlichen Reifezeit verwendet.
- Den Käse wiegen und mit 20 g Salz je kg Käsemasse salzen.
- Weitere 24 Stunden ohne Form trocknen lassen, dabei 4 mal wenden. Falls der Käse dann noch nicht trocken ist weiter trocknen lassen.
- Im Reiferaum, auf Gittern, bei 16-18 °C und 90 % Luftfeuchte für 3 Wochen reifen lassen. Ab dem ersten Reifetag, den Käse eine Woche lang, alle 2 Tage mit der ersten Lake einschmieren und wenden.
- Ab der zweiten Woche schmieren Sie den Käse alle 2 Tage, mit der Lake, die nur Rotschmiere-Kulturen und Salz enthält. Den Käse danach jedes mal wenden.
- Der Käse wird solange geschmiert, bis sich die Rotschmiere gebildet hat. Das dauert im Regelfall 2 Wochen.
- Auch wenn der Käse nicht mehr geschmiert wird, sollte er trotzdem, während dem gesamten Reifeverlauf, alle 2 Tage gewendet werden.

Vor dem Verpacken die Oberfläche abwaschen und trocknen lassen.

Schnittfeste Käse

Schnittfeste Käse mit Rotschmiere

Deftiger Kuh-Schnittkäse:

Zutaten:

- 10 Liter rohe Kuhmilch.
- Starterkultur: Mesophile Kulturen nach Herstellerangaben oder oder 100 g aktive Butter- oder Sauermilch.
- Wenn keine Rohmilch verwendet wird, gesättigtes Calcium-chlorid oder Chlorcalcium nach den Angaben des Herstellers.
- Die normale Labmenge laut Hersteller, in 50 g Wasser gelöst.
- 20 g Salz pro kg Käsemasse.
- Rotschmiere-Kulturen nach Angaben des Herstellers.
- Falls keine Rohmilch verwendet wird, auch noch Geotrichum candidum nach den Angaben des Herstellers.
- Schnittkäseform Durchmesser 15 cm, Höhe 10 cm.
- Traditionelles Käsegewicht 1,2 kg.

Herstellung:

- Die Milch auf 28 °C erwärmen.
- Die Starterkultur untermischen.
- Die Milch unter ständigem Rühren auf 33 °C erwärmen. Für 30 Minuten bebrüten, oder bis 6,6 pH erreicht ist. Die Temperatur dabei möglichst konstant auf 33 °C halten.
- Das Lab und bei pasteurisierter Milch noch das Calcium untermischen.
- Die Temperatur halten und die Milch abgedeckt 40 Minuten ruhen lassen.
- Die Gallerte auf Festigkeit prüfen (Fingertest Seite 32).
- Die Gallerte von Hand oder mit einem Schneebesen auf eine Größe von 0,5 cm rühren.
- Die Temperatur halten und 25 Minuten sanft rühren.
- 2 Liter Wasser auf 35 °C erhitzen.
- 4 Liter Molke ablassen.

- Das 35 °C warme Wasser zum Bruch geben und innerhalb von 3 Minuten auf 37 °C erwärmen, dabei sanft rühren.
- Den Bruch 25 Minuten lang rühren.
- Den Bruch in eine Form mit 15 cm Durchmesser geben.
- Den Käse nach 20 Minuten wenden.
- Nun aus der Molke 2 unterschiedliche Laken herstellen.
- Geben Sie in 250 ml Molke die Rotschmiere-Kultur, 4 g Salz und falls Sie keine Rohmilch verwenden, auch noch Geotrichum candidum. Mit dieser Lake wird der Käse in der ersten Woche geschmiert.
- Versetzen Sie 750 ml Molke mit 37-75 g Salz und Rotschmiere-Kultur. Diese Lake wird für die Schmierung, während der restlichen Reifezeit verwendet.
- Nach weiteren 30 Minuten den Käse wenden.
- Nach 1 und 2 Stunden erneut wenden.
- Nach 11 Stunden ein letztes Mal wenden.
- Der Käse wird insgesamt 12 Stunden getrocknet.
- Den Käse wiegen und mit 20 g Salz je kg Käsemasse salzen.
- 24 Stunden abtropfen lassen, dabei 4 mal wenden.
- Sollte der Käse noch nicht trocken sein, weiter trocknen lassen.
- Im Reiferaum, auf Gittern, bei 14-16 °C und 90 % Luftfeuchte reifen lassen.
- Ab dem ersten Reifetag, den Käse eine Woche lang, alle 2 Tage mit der ersten Lake einschmieren und wenden.
- Ab der zweiten Woche schmieren Sie den Käse alle 2 Tage, mit der Lake, die nur Rotschmiere-Kulturen und Salz enthält. Den Käse danach jedes mal wenden.
- Der Käse wird solange alle 2 Tage geschmiert, bis sich die Rotschmiere gebildet hat. Das dauert im Regelfall 2 Wochen. Danach noch einmal in der Woche schmieren.
- Der Käse sollte während dem gesamten Reifeverlauf, alle 2 Tage gewendet werden.
- Der Käse reift 6 Wochen lang.

Vor dem Verpacken die Oberfläche abwaschen und trocknen lassen.

Raclette-Käse Schweizer Art (schnittfester Käse):

Zutaten:

- 10 Liter rohe Kuhmilch.
- Starterkultur: Mesophile Kulturen nach Herstellerangaben oder 100 g aktive Butter- oder Sauermilch.
- Wenn keine Rohmilch verwendet wird, gesättigtes Calciumchlorid oder Chlorcalcium nach den Angaben des Herstellers.
- Die normale Labmenge laut Hersteller, in 50 g Wasser gelöst.
- 20 g Salz pro kg Käsemasse.
- Rotschmiere-Kulturen nach Angaben des Herstellers.
- Wenn keine Rohmilch verwendet wird, noch Geotrichum candidum nach den Angaben des Herstellers.
- Hartkäseform Durchmesser 28 cm, Höhe 5-8 cm.
- Traditionelles Käsegewicht 4-7 kg.

Herstellung:

- Die Milch auf 32 °C erwärmen.
- Die Starterkultur untermischen.
- 45 Minuten bebrüten oder bis 6,5 pH erreicht ist.
- Die Milch auf 32 °C erwärmen.
- Das Lab und bei pasteurisierter Milch noch das Calcium untermischen.
- Die Temperatur konstant halten und die Milch abgedeckt für 20 Minuten ruhen lassen.
- Die Gallerte auf Festigkeit prüfen (Fingertest Seite 32).
- Die Gallerte von Hand oder mit einem Schneebesen auf eine Größe von 0,5 cm rühren.
- Den Bruch auf 32 °C erwärmen und 12 Minuten sanft rühren.
- 4 Liter Wasser auf 35 °C erhitzen.
- 4 Liter Molke ablassen.
- Das 35 °C warme Wasser zum Bruch geben und innerhalb von 5 Minuten auf 38 °C erwärmen, dabei sanft rühren.
- Den Bruch 15 Minuten lang rühren.
- Den Bruch in die Form geben.

- Einen Deckel aufsetzen und mit 35 kg beschweren.
- 20 Minuten lang pressen.
- Nun aus der Molke 2 unterschiedliche Laken herstellen.
- Geben Sie in 0,5 Liter Molke die Rotschmiere-Kultur, 10 g Salz und falls Sie keine Rohmilch verwenden, auch Geotrichum candidum. Mit dieser Lake wird der Käse in der ersten Woche geschmiert.
- Versetzen Sie 1,5 Liter Molke mit 74-150 g Salz und Rotschmiere-Kultur. Diese Lake wird für die Schmierung während der restlichen Reifezeit verwendet.
- Den Käse wenden und das Gewicht auf 90 kg erhöhen.
- Nach weiteren 2, 4 und 8 Stunden wenden.
- Der Käse wird insgesamt 12 Stunden oder bis 5,4 pH erreicht ist gepresst.
- Den Käse wiegen und mit 20 g Salz je kg Käsemasse salzen.
- 24 Stunden abtropfen lassen, dabei 4 mal wenden.
- Sollte der Käse noch nicht trocken sein, weiter trocknen lassen.
- Den Käse im Reiferaum, auf Gittern, bei 13-15 °C und 85-95 % Luftfeuchte, 2 Monate reifen lassen. Ab dem ersten Reifetag, den Käse eine Woche lang, alle 2 Tage mit der ersten Lake einschmieren und wenden.
- Ab der zweiten Woche schmieren Sie den Käse alle 2 Tage, mit der Lake, die nur Rotschmiere-Kulturen und Salz enthält. Den Käse danach jedes mal wenden.
- Der Käse wird solange alle 2 Tage geschmiert, bis sich die Rotschmiere gebildet hat. Das dauert im Regelfall 2 Wochen. Danach noch einmal in der Woche schmieren.
- Der Käse sollte während dem gesamten Reifeverlauf, alle 2 Tage gewendet werden.

Vor dem Verpacken die Oberfläche abwaschen und trocknen lassen.

Schnittfeste Käse in Wachs

Cheddar Art (englisch):

Zutaten:

- 10 Liter rohe Kuhmilch.
- Starterkultur: Mesophile Kulturen nach Herstellerangaben oder 100 g aktive Butter- oder Sauermilch.
- Wenn keine Rohmilch verwendet wird, gesättigtes Calciumchlorid oder Chlorcalcium nach den Angaben des Herstellers.
- Die normale Labmenge laut Hersteller, in 50 g Wasser gelöst.
- 20 g Salz pro kg Käsemasse.
- Hartkäseform 20 cm Durchmesser.
- Wachs zum Ummanteln.
- Wasserbad zum langen Warmhalten des Bruchs.

Herstellung:

- Die Milch auf 33 °C erwärmen.
- Die Starterkultur untermischen und 60 Minuten bebrüten.
- Die Milch auf 33 °C erwärmen, dann das Lab und bei pasteurisierter Milch das Calcium untermischen.
- Die Temperatur möglichst konstant halten und die Milch abgedeckt 60 Minuten ruhen lassen.
- Die Festigkeit der Gallerte überprüfen (Fingertest Seite 32) und in 2 cm Würfel schneiden.
- 45 Minuten lang sanft rühren.
- Die Molke ablassen und aufbewahren.
- Den Bruch durch ein Wasserbad, wie unter **„Tipp für eine konstante Temperatur“** Seite 38 angegeben, auf 33 °C halten.
- Den Bruch auf dem Topfboden zu einem Haufen drücken und 10 Minuten ruhen lassen.
- Es tritt dabei Molke aus, diese herausnehmen.

- Der Bruch klebt nun zusammen, sobald er schnittfest ist, wird er in 5 cm Scheiben geschnitten.
- Den Bruch weiterhin auf einer Temperatur von 33 °C halten. Stapeln Sie die Bruchscheiben übereinander.
- Wenden Sie diesen Stapel immer wieder, bis sich der Bruch wie Gummi anfühlt.
- Dabei den Bruch auch umdrehen, dieses Umstapeln dauert rund 30 Minuten. Dieses permanente Umschichten, was sich auch „Cheddaring" nennt, macht den Cheddar so besonders.
- Die austretende Molke immer wieder aus dem Topf entfernen.
- Das Ganze in 2 cm Würfel schneiden.
- Den Bruch wiegen und mit 20 g Salz je kg Bruchmasse salzen.
- Den Bruch 10 Minuten immer wieder durchmischen.
- Dann den Bruch, in eine mit einem Käsetuch ausgelegte Form, mit 20 cm Durchmesser stopfen.
- Ab jetzt alles Weitere bei Zimmertemperatur.
- Mit einem Deckel abdecken und mit 1 Liter der 33 °C warmen Molke beschweren.
- Nach 10 Minuten den Käse wenden, dann mit 2 Litern pressen.
- Das machen Sie nun alle 10 Minuten und erhöhen immer um 1 Liter Molke je Wendegang.
- Am Ende ist der Käse abgekühlt und es sollte die gesamte Molkemenge an Gewicht zum Pressen genommen werden.
- Lassen Sie den Käse bei Zimmertemperatur, ohne Gewicht 12 Stunden in der Form trocknen. Dabei 2 mal wenden.
- Den Käse aus dem Form nehmen und 24 Stunden ohne Tuch trocknen lassen, dabei 4 mal wenden.
- Sollte der Käse noch nicht trocken sein, weiter trocknen lassen.
- Dann hüllen Sie ihn in Wachs, wie ab Seite 81 beschrieben.
- Der Käse wird bei 8-12 °C mindestens 6 Monate gereift und 1 mal in der Woche gewendet.
- Je länger er reift, umso intensiver wird sein Geschmack.

Gouda Art (schnittfester Käse in Wachs):

Zutaten:

- 10 Liter Kuhmilch.
- Starterkultur: Mesophile Kulturen nach Herstellerangaben oder 100 g aktive Butter- oder Sauermilch.
- Wenn keine Rohmilch verwendet wird, gesättigtes Calcium-chlorid oder Chlorcalcium nach den Angaben des Herstellers.
- Die normale Labmenge laut Hersteller, in 50 g Wasser gelöst.
- 20 g Salz pro kg Käsemasse.
- Wachs zum Ummanteln.
- Schnittkäseform Durchmesser 20 cm.
- Traditionelles Käsegewicht 3-4 kg.

Herstellung:

- Die Milch auf 20 °C erwärmen.
- Die Starterkultur untermischen und innerhalb von 12 Minuten, auf 32 °C erwärmen, dabei immer wieder rühren. 90 Minuten lang oder bis 6,6 pH erreicht ist bebrüten.
- Das Lab und bei pasteurisierter Milch noch das Calcium untermischen.
- Die Temperatur halten und die Milch abgedeckt 30 Minuten ruhen lassen.

- Die Gallerte auf Festigkeit prüfen (Fingertest Seite 32).
- Die Gallerte von Hand oder mit einem Schneebesen auf eine Größe von 0,5 cm rühren.
- Den Bruch auf 32 °C erwärmen und 20 Minuten sanft rühren.
- 3 Liter Wasser auf 34 °C erhitzen.
- 4 Liter Molke ablassen.
- Das 34 °C warme Wasser zum Bruch geben und innerhalb von 3 Minuten auf 36 °C erwärmen, dabei sanft rühren.
- Den Bruch 15 Minuten lang rühren.
- Den Bruch in eine Form mit 20 cm Durchmesser geben.
- Mit einem Deckel abdecken und mit 18 kg Gewicht 20 Minuten lang beschweren.
- Den Käse wenden und das Gewicht auf 30 kg erhöhen.
- Nach 10 Minuten das Gewicht auf 45 kg erhöhen.
- Nach einer Stunde den Käse wenden und das Gewicht auf 60 kg erhöhen.
- Nach 20 Minuten den Käse erneut wenden.
- Nun ohne Gewicht, in der Form, weitere 10 Stunden oder bis 5 pH erreicht ist trocknen lassen, dabei 4 mal wenden.
- Den Käse aus der Form nehmen und für 12 Stunden, bei 15 °C und 65 % Luftfeuchte, in die gewünschte Form drücken. Folgen Sie dazu der Anleitung **„Den Käse in eine spezielle Form drücken“** ab Seite 50.
- Den Käse wiegen und mit 20 g Salz je kg Käsemasse salzen.
- 24 Stunden ohne Form trocknen lassen, 4 mal wenden.
- Sollte der Käse noch nicht trocken sein, weiter trocknen lassen.
- Im Reiferaum, auf Gittern, bei 12-14 °C und 85-90 % relative Luftfeuchte, 7 Tage reifenlassen und täglich wenden.
- Den Käse gut abwaschen und trocknen lassen. Er darf absolut keine Spuren von Schimmel haben, sonst mit einem Messer abschaben.
- Dann hüllen Sie ihn in Wachs, wie ab Seite 81 beschrieben.
- Der Käse wird nun bei rund 12 °C für mindestens 5 Wochen gereift und alle 7 Tage gewendet.

Kuhkäse mit Kreuzkümmel (schnittfester Käse in Wachs):

Zutaten:

- 10 Liter rohe Kuhmilch.
- Starterkultur: Mesophile Kulturen (Lactococcus lactis), nach Hersteller jedoch die vierfache Menge oder 400 g aktive Buttermilch.
- Wenn keine Rohmilch verwendet wird, gesättigtes Calciumchlorid oder Chlorcalcium nach den Angaben des Herstellers.
- Die normale Labmenge laut Hersteller, in 50 g Wasser gelöst.
- 20 g Salz pro kg Käsemasse.
- 5-8 g Kreuzkümmel oder andere Gewürze nach Belieben.
- Wachs zum Ummanteln.
- Hartkäseform Durchmesser 20 cm.
- Traditionelles Käsegewicht 3-6 kg.

Herstellung:

- Die Milch auf 29 °C erwärmen.
- Die Starterkultur untermischen und 30 Minuten bebrüten.
- Die Milch auf 29 °C erwärmen, dann das Lab und bei pasteurisierter Milch das Calcium untermischen.
- Die Temperatur halten und abgedeckt 30 Minuten ruhen lassen.
- Die Gallerte auf Festigkeit prüfen (Fingertest Seite 32), in 1,5 cm Würfel schneiden.
- Den Bruch 10 Minuten ruhen lassen.
- Den Bruch auf 32 °C erwärmen und 20 Minuten sanft rühren, falls erforderlich, den Bruch erneut schneiden.
- 3 Liter Wasser auf 32 °C erhitzen, 3 Liter der Molke ablassen.

- Das 32 °C warme Wasser zum Bruch geben und auf 32 °C halten, dabei 30 Minuten sanft rühren.
- Den Kreuzkümmel, oder falls gewünscht, die anderen Gewürze im Wasserdampf blanchieren. Das verhindert, dass Schimmel in den Käse gelangt.
- So viel Molke ablassen, dass Sie den Bruch gut sehen und nur noch etwas Molke übrig ist.
- Nehmen Sie ⅓ vom Bruch aus dem Topf und geben Sie ihn in ein Sieb. Dieser Bruch bleibt ohne Gewürze.
- Mischen Sie von Hand den Kreuzkümmel in den Bruch im Topf.
- Die Hälfte vom Bruch (ohne Gewürze) aus dem Sieb in eine Form mit 20 cm Durchmesser geben und festdrücken.
- Darüber geben Sie anschließend den Bruch mit dem Kreuzkümmel. Den Bruch nur sanft stopfen.
- Zum Schluss geben Sie den Rest vom Bruch (ohne Gewürze) aus dem Sieb oben drauf, auch hier nur mäßig stopfen.
- Mit einem Deckel abdecken und mit 60 kg Gewicht pressen.
- Nach 20 Minuten den Käse wenden. Ab jetzt alle 30 Minuten wenden, bis der Käse auf Zimmertemperatur abgekühlt ist.
- Nach jedem Wenden das Gewicht wieder darauf geben.
- Der Käse wird insgesamt 24 Stunden gepresst oder bis 5 pH erreicht ist.
- Den Käse aus der Form nehmen und für 12 Stunden, bei 15 °C und 65 % Luftfeuchte, in die gewünschte Form drücken. Folgen Sie dazu der Anleitung **„Den Käse in eine spezielle Form drücken“** ab Seite 50.
- Den Käse wiegen und mit 20 g Salz je kg Käsemasse salzen.
- 24 Stunden trocknen lassen, 4 mal wenden.
- Ab jetzt bei 12 °C und 60 % Luftfeuchte 6 Tage trocknen lassen, jeden Tag 2 mal wenden.
- Nach den 6 Tagen Trocknung, falls erforderlich, den Käse gut abwaschen und trocknen lassen. Er darf keine Spuren von Schimmel haben, falls doch, mit einem Messer sauber abschaben.
- Hüllen Sie den Käse in Wachs, wie ab Seite 81 beschrieben.
- Der Käse wird nun bei rund 12 °C für 4-12 Monate gereift. Den Käse während der gesamten Reifezeit alle 7 Tage wenden.

Schwäbischer Mischkäse (schnittfester Käse in Wachs):

Zutaten:

- 10 Liter rohe Milch (Schaf, Ziege oder Kuh, Anteile nach Wunsch).
- Starterkultur: Mesophile Kulturen nach Herstellerangaben oder 100 g aktive Butter- oder Sauermilch.
- Wenn keine Rohmilch verwendet wird, gesättigtes Calciumchlorid oder Chlorcalcium nach den Angaben des Herstellers.
- Die normale Labmenge laut Hersteller, in 50 g Wasser gelöst.
- 20 g Salz pro kg Käsemasse.
- Hartkäseform Durchmesser 15 cm.
- Traditionelles Käsegewicht 1 kg.
- Wachs zum Ummanteln.

Herstellung:

- Die Milch auf 31 °C erwärmen.
- Die Starterkultur untermischen und 30 Minuten bebrüten oder bis 6,6 pH erreicht ist.
- Die Milch auf 31 °C erwärmen, das Lab und bei pasteurisierter Milch noch das Calcium untermischen.

- Die Temperatur halten und die Milch abgedeckt 50 Minuten ruhen lassen.
- Die Gallerte auf Festigkeit prüfen (Fingertest Seite 32) und von Hand oder mit einem Schneebesen in 0,3 cm Stücke rühren.
- 15 Minuten sanft rühren.
- 2,5 Liter Wasser auf 34 °C erhitzen.
- 3 Liter Molke ablassen.
- Das 34 °C warme Wasser zum Bruch geben und innerhalb von 8 Minuten auf 40 °C erwärmen, dabei sanft rühren.
- Den Bruch 18 Minuten lang rühren.
- Den Bruch auf den Boden drücken und zusammendrücken.
- 20 Minuten ruhen lassen, dann auf Formgröße schneiden.
- Den Bruch in eine Form mit 15 cm Durchmesser stopfen.
- Mit einem Deckel abdecken und mit 25 kg beschweren.
- Nach 30 Minuten den Käse wenden und weiter pressen.
- Weiteres Wenden nach 1,2,3 und 4 Stunden.
- Nun ohne Gewicht, in der Form, weitere 10 Stunden oder bis 5,2 pH erreicht ist trocknen lassen, dabei 2 mal wenden.
- Den Käse aus der Form nehmen und für 12 Stunden, bei 15 °C und 65 % relativer Luftfeuchte, in die gewünschte Form drücken. Folgen Sie dazu der Anleitung **„Den Käse in eine spezielle Form drücken“** ab Seite 50.
- Den Käse wiegen und mit 20 g Salz je kg Käsemasse salzen.
- 24 Stunden ohne Form trocknen lassen, 4 mal wenden.
- Sollte der Käse noch nicht trocken sein, weiter trocknen lassen.
- Im Reiferaum auf Gittern, bei 12-14 °C und 85-90 % Luftfeuchte 7 Tage reifen lassen, dabei täglich wenden.
- Den Käse gut abwaschen und trocknen lassen. Er darf absolut keine Spuren von Schimmel haben, sonst mit einem Messer abschaben.
- Hüllen Sie den Käse in Wachs ein, wie ab Seite 81 beschrieben.
- Der Käse wird nun bei rund 12 °C für mindestens 5 Monate gereift.
- Den Käse während der gesamten Reifezeit alle 7 Tage wenden.

Tilsiter Art (schnittfester Käse mit Rotschmiere in Wachs):

Zutaten:

- 10 Liter Kuh- oder Ziegenmilch.
- Starterkultur: Mesophile Kulturen nach Herstellerangaben oder 100 g aktive Butter- oder Sauermilch.
- Wenn keine Rohmilch verwendet wird, gesättigtes Calciumchlorid oder Chlorcalcium nach den Angaben des Herstellers.
- Die normale Labmenge laut Hersteller, in 50 g Wasser gelöst.
- 20 g Salz pro kg Käsemasse.
- Rotschmiere-Kulturen nach Angaben des Herstellers.
- Wenn keine Rohmilch verwendet wird, auch noch Geotrichum candidum nach Herstellerangaben.
- Hartkäseform mit 20 cm Durchmesser.
- Traditionelles Käsegewicht 1,8 kg.
- Wachs zum Ummanteln.

Herstellung:

- Die Milch auf 31 °C erwärmen.
- Die Starterkultur untermischen.
- 1 Stunde bebrüten oder bis 6,5 pH erreicht ist.
- Das Lab und bei pasteurisierter Milch noch das Calcium untermischen.
- Die Temperatur halten und die Milch abgedeckt 50 Minuten lang ruhen lassen.
- Die Gallerte auf Festigkeit prüfen (Fingertest Seite 32).
- Die Gallerte von Hand oder mit einem Schneebesen auf eine Größe von 0,5 cm rühren.
- Den Bruch auf 31 °C erwärmen und 20 Minuten sanft rühren.
- 1,5 Liter Wasser auf 33 °C erhitzen.
- 3 Liter Molke ablassen.
- Das 33 °C warme Wasser zum Bruch geben und innerhalb von 7 Minuten auf 39 °C erwärmen, dabei sanft rühren.
- Den Bruch 20 Minuten lang rühren.
- Den Bruch in eine Form mit 20 cm Durchmesser geben.
- Den Käse nach 20 Minuten wenden.

- Nun aus der Molke 2 unterschiedliche Laken herstellen.
- Geben Sie in 250 ml Molke die Rotschmiere-Kultur, 4 g Salz und falls Sie keine Rohmilch verwenden, auch noch Geotrichum candidum. Mit dieser Lake wird der Käse in der ersten Woche geschmiert.
- Versetzen Sie 750 ml Molke mit 37-75 g Salz und Rotschmiere-Kultur. Diese Lake wird für die Schmierung, während der restlichen Reifezeit verwendet.
- Nach weiteren 30 Minuten den Käse wenden.
- Nach 1, 2, 3, 5 und 8 Stunden erneut wenden.
- Den Käse insgesamt 12 Stunden oder bis 5,2 pH erreicht ist abtropfen lassen.
- Den Käse wiegen und mit 20 g Salz je kg Käsemasse salzen.
- 24 Stunden abtropfen lassen, dabei 4 mal wenden.
- Sollte der Käse noch nicht trocken sein, weiter trocknen lassen.
- Den Käse im Reiferaum, auf Gittern, bei 13-15 °C und 85-95 % Luftfeuchte reifen lassen.
- Ab dem ersten Reifetag, den Käse eine Woche lang, alle 2 Tage mit der ersten Lake einschmieren und wenden.
- Ab der zweiten Woche schmieren Sie den Käse alle 2 Tage, mit der Lake, die nur Rotschmiere-Kulturen und Salz enthält. Den Käse danach jedes mal wenden. Der Käse wird solange geschmiert, bis sich die Rotschmiere gebildet hat. Das dauert im Regelfall 2 Wochen.
- Auch wenn der Käse nicht mehr geschmiert wird, sollte er trotzdem, während dem gesamten Reifeverlauf, alle 2 Tage gewendet werden.
- Der Käse reift 3 Wochen lang.
- Die Schmierrinde gut abwaschen und den Käse trocknen lassen.
- Dann hüllen Sie ihn in Wachs, wie ab Seite 81 beschrieben.
- Der Käse wird nun bei rund 6 °C für mindestens 5 Wochen gereift und dabei wöchentlich gewendet.

Hartkäse

Französischer Bergkäse (Hartkäse mit Weißschimmel Ansatz):

Zutaten:

- 10 Liter rohe Kuhmilch.
- Starterkultur: Thermophile Kulturen nach Herstellerangaben oder 100 g aktiven Joghurt.
- Wenn keine Rohmilch verwendet wird, gesättigtes Calcium-chlorid oder Chlorcalcium nach den Angaben des Herstellers.
- Wenn keine Rohmilch verwendet wird, Geotrichum candidum für die Waschlake, nach den Angaben des Herstellers.
- Die doppelte Labmenge laut Hersteller, in 50 g Wasser gelöst.
- 20 g Salz pro kg Käsemasse.
- Hartkäseform Durchmesser 27 cm.
- Traditionelles Mindestgewicht 4 kg.

Herstellung:

- Die Milch auf 33 °C erwärmen.
- Die Starterkultur untermischen und 1 Stunde bebrüten.
- Die Milch auf 33 °C erwärmen.
- Die doppelte Labmenge und bei pasteurisierter Milch noch das Calcium untermischen.

- Die Temperatur halten und die Milch abgedeckt 60 Minuten ruhen lassen.
- Die Gallerte auf Festigkeit prüfen (Fingertest Seite 32).
- Die Gallerte von Hand oder mit einem Schneebesen auf eine Größe von 0,5 cm rühren.
- 25 Minuten sanft rühren.
- Den Bruch in 10 Minuten auf 43 °C erwärmen und dabei sanft rühren.
- Den Bruch für 45 Minuten rühren, die Temperatur auf 43 °C halten.
- Die Bruchkörner 5 Minuten am Boden absitzen lassen.
- Den Bruch in eine Form mit 27 cm Durchmesser geben.
- Den Käse wenden, mit einem Deckel bedecken und mit 40 kg beschweren.
- 1 Liter der Molke mit 15 g Salz und Geotrichum candidum vermengen. Diese Waschlake am selben Ort wie den Käse lagern.
- 10 Minuten später den Käse wenden und das Gewicht auf 70 kg erhöhen.
- Alle 10 Minuten wenden, bis der Käse abgekühlt ist.
- Dann das Gewicht entfernen.
- Den Käse ab dem Befüllen 24 Stunden trocknen lassen.
- Den Käse aus der Form nehmen.
- Den Käse wiegen und mit 20 g Salz je kg Käsemasse salzen.
- Ab dem Zeitpunkt, wenn das ganze Salz auf dem Käse ist, für 24 Stunden trocknen lassen, dabei 4 mal wenden.
- Mit der Salzmolke abreiben und im Reiferaum, bei 10 °C und 90 % Luftfeuchte, mindestens 6 Monate reifen lassen.
- In der ersten Woche den Käse alle 2 Tage mit der Salzlake abreiben und wenden.
- Danach, während der gesamten Reifezeit, den Käse 1 mal pro Woche wenden.
- Es sollte sich ein weißer Belag bilden, den man darauf lässt.
- Je länger der Käse reift, umso geschmackvoller wird er.

Vor dem Verpacken den Käse gut trocknen lassen.

Italienischer Bergkäse (mit Weißschimmelansatz):

Zutaten:

- 10 Liter rohe Kuhmilch.
- Starterkultur: Thermophile Kulturen nach Herstellerangaben oder 100 g aktiven Joghurt.
- Wenn keine Rohmilch verwendet wird, gesättigtes Calcium-chlorid oder Chlorcalcium nach den Angaben des Herstellers.
- Wenn keine Rohmilch verwendet wird, Penicillium candidum für die Waschlake, nach den Mengenangaben des Herstellers.
- Die normale Labmenge laut Hersteller, in 50 g Wasser gelöst.
- 20 g Salz pro kg Käsemasse.
- Hartkäseform 25 cm Durchmesser
- Traditionelles Käsegewicht 5 kg.

Herstellung:

- Die Milch auf 34 °C erwärmen.
- Die Starterkultur untermischen und 1 Stunde bebrüten oder bis 6,4 pH erreicht ist.
- Die Milch auf 34 °C erwärmen.
- Das Lab und bei pasteurisierter Milch das Calcium untermischen. Die Temperatur halten und die Milch abgedeckt für 25 Minuten ruhen lassen.
- Die Gallerte auf Festigkeit prüfen (Fingertest Seite 32) und von Hand oder mit einem Schneebesen auf eine Größe von 0,3 cm rühren.
- Danach 10 Minuten sanft rühren.

- Den Bruch in 8 Minuten auf 40 °C erwärmen, dabei sanft rühren.
- Den Bruch weitere 10 Minuten lang rühren.
- Den Bruch in 6 Minuten auf 46 °C erwärmen, dabei sanft rühren.
- Den Bruch weitere 20 Minuten rühren.
- Die Wärmezufuhr stoppen.
- Den Bruch 20 Minuten auf dem Boden absitzen lassen.
- Dann den Bruch in ein Sieb geben und zu einem Klumpen zusammendrücken.
- 1 Liter der Molke für die Salzlake aufbewahren.
- Den Bruchklumpen in 5 cm Würfel schneiden.
- Die Bruchwürfel wiegen und dann mit 10 g Salz je kg Bruchmasse salzen.
- Den Bruch stopfend in die Käseform füllen.
- Den Käse wenden, mit einem Deckel abdecken und mit 20 kg Gewicht beschweren.
- 1 Liter Molke mit 15 g Salz und wenn keine Rohmilch verwendet wird, mit Penicillium candidum vermengen. Diese Waschlake am selben Ort wie den Käse lagern.
- Nach 20 Minuten den Käse wenden, ab jetzt alle 30 Minuten wenden, bis der Käse auf Zimmertemperatur abgekühlt ist.
- Nach jedem Wenden das Gewicht wieder darauf geben.
- Insgesamt 8 Stunden lang pressen oder bis 5,3 pH erreicht ist.
- Den Käse aus der Form nehmen und 16 Stunden trocknen lassen.
- Dabei 2 mal wenden.
- Den Käse mit 10 g Salz je kg Käsemasse salzen.
- Ab dem Zeitpunkt, an dem das ganze Salz auf dem Käse ist, für 24 Stunden trocknen lassen, dabei 4 mal wenden.
- Im Reiferaum, bei 14 °C und 85 % Luftfeuchte, für mindestens 6 Monate reifen lassen.
- In der ersten Woche den Käse alle 2 Tage mit der Salzlake abreiben, es sollte weißer Schimmel entstehen.
- Danach mit dem Abwaschen aufhören. Nur falls anders farbiger Schimmel entstehen sollte, wieder abwaschen.
- Den Käse im ersten Monat der Reife alle 2 Tage wenden, danach einmal in der Woche.

Pecorino Art
(sardischer Hartkäse mit blau-grünem Edelschimmel):

Zutaten:

- 10 Liter rohe Schafmilch.
- Starterkultur: Mesophile Kulturen nach Herstellerangaben oder 100 g aktive Butter- oder Sauermilch.
- Wenn keine Rohmilch verwendet wird, gesättigtes Calciumchlorid oder Chlorcalcium nach den Angaben des Herstellers.
- Die normale Labmenge laut Hersteller, in 50 g Wasser gelöst.
- 20 g Salz pro kg Käsemasse.
- Hartkäseform 20-30 cm Durchmesser.
- Traditionelles Käsegewicht 3-5 kg.

Herstellung:

- Die Milch auf 33 °C erwärmen. Dann die mesophile Kultur in die Milch mischen und 1 Stunde stehen lassen oder bis 6,5 pH.
- Die Milch erneut auf 33 °C erwärmen.
- Das Lab und bei pasteurisierter Milch das Calcium untermischen.
- Die Temperatur halten und die Milch abgedeckt 45 Minuten ruhen lassen.

- Danach die Gallerte auf Festigkeit prüfen (Fingertest Seite 32), anschließend mit einem Schneebesen oder von Hand in 0,3 cm Körner rühren.
- Den Bruch ruhen lassen und nach 5 Minuten umrühren.
- Falls erforderlich, den Bruch nochmal zerkleinern.
- Nun die Milch innerhalb von 10 Minuten auf 42 °C erwärmen und dabei sanft rühren.
- Wenn der Bruch die Festigkeit, wie das Weiße von einem 3-Minuten-Ei hat, ist er fertig.
- Den Bruch auf den Boden drücken und 5 Minuten ruhen lassen.
- Den Bruch auf die grobe Größe der Form schneiden und dann in die Form füllen (3-5kg). Dabei kräftig stopfen und mehrfach wenden.
- Zum Abtropfen in der Form auf einen Gitterrost stellen und mit 2 kg Gewicht beschweren.
- Nach 10 Minuten wenden, dann nach 20 Minuten und nach 30 Minuten wenden. Nach 6 Stunden ein weiteres Mal wenden.
- Ab jetzt ohne Gewicht weiter trocknen lassen.
- Der Käse wird ab dem Einfüllen 24 Stunden getrocknet.
- Den Käse nach 24 Stunden aus der Form nehmen, wiegen und mit 20 g Salz je kg Käsemasse salzen.
- Weitere 24 Stunden trocknen lassen, dabei 4 mal wenden.
- Ab jetzt verfahren Sie nach der Anleitung **„Die äußere Reife mit Penicillium roqueforti“** ab Seite 65.
- Nach bereits einem Monat kann der junge Käse gegessen werden. Er eignet sich hervorragend zum Überbacken, er hat ein mildes und weiches Aroma.
- Je nach Gewicht ist er nach 3-5 Monaten mit der Grundreife fertig. Er kann aber noch Jahre weiter gereift werden und wird immer härter und würziger.
- Den Käse während den ersten 2 Monaten Reifezeit alle 2 Tage wenden. Danach alle 7 Tage wenden.
- Bei jedem Wenden auf Risse kontrollieren und falls vorhanden, entweder mit Öl oder der Öl-Wachspaste schützen, siehe ab Seite 79.

Schweizer Bergkäse (Hartkäse mit Schmierrinde):

Zutaten:

- 10 Liter rohe Kuhmilch.
- Starterkultur: Thermophile Kulturen nach Herstellerangaben oder 100 g aktiven Joghurt.
- Wenn keine Rohmilch verwendet wird, gesättigtes Calciumchlorid oder Chlorcalcium nach den Mengenangaben des Herstellers.
- Wenn keine Rohmilch verwendet wird, Geotrichum candidum für die Waschlake, nach den Mengenangaben des Herstellers.
- Rotschmiere-Kultur nach den Herstellerangaben.
- Die normale Labmenge laut Hersteller, in 50 g Wasser gelöst.
- 18 g Salz pro kg Käsemasse.
- Hartkäseform 27 cm Durchmesser.
- Traditionelles Käsegewicht 5 kg.

Herstellung:

- Die Milch auf 25 °C erwärmen.
- Die Starterkultur untermischen und 1 Stunde bebrüten.
- Die Milch auf 32 °C erwärmen.
- Das Lab und bei pasteurisierter Milch das Calcium untermischen. Die Temperatur halten und die Milch abgedeckt für 30 Minuten ruhen lassen.
- Die Gallerte auf Festigkeit prüfen (Fingertest Seite 32).
- Die Gallerte von Hand oder mit einem Schneebesen auf eine Größe von 0,5 cm rühren.
- Den Bruch auf 32 °C erwärmen und 25 Minuten sanft rühren.
- Den Bruch in 8 Minuten auf 40 °C erwärmen, dabei sanft rühren, danach 20 Minuten rühren.
- 1 Liter Wasser auf 42 °C erwärmen.
- Das 42 °C warme Wasser dem Bruch zugeben und in 3 Minuten den Bruch auf 44 °C erwärmen, dabei sanft rühren.
- Den Bruch 5 Minuten lang rühren.
- Den Bruch in 3 Minuten auf 47 °C erwärmen, dabei sanft rühren.
- 2 Minuten rühren.
- Die Wärmezufuhr stoppen und 20 Minuten lang rühren.

- Den Bruch in eine Form mit 27 cm Durchmesser geben.
- Den Käse wenden, mit einem Deckel bedecken und mit 35 kg beschweren.
- Nun werden aus der Molke 2 unterschiedliche Laken hergestellt.
- Geben Sie in 250 ml Molke die Rotschmiere-Kultur, 4 g Salz und falls Sie keine Rohmilch verwenden, auch noch Geotrichum candidum. Mit dieser Lake wird der Käse in der ersten Woche geschmiert.
- Versetzen Sie 750 ml Molke mit 37-75 g Salz und Rotschmiere-Kultur. Diese Lake wird für die Schmierung, während der restlichen Reifezeit verwendet.
- Nach 10 Minuten den Käse wenden, Gewicht auf 70 kg erhöhen.
- 20 Minuten später erneut wenden, Gewicht auf 110 kg erhöhen.
- Nach 10 Stunden wieder wenden und weiter pressen.
- Insgesamt 24 Stunden pressen oder bis 5,1 pH erreicht ist.
- Den Käselaib aus der Form nehmen, wiegen und mit 18 g Salz je kg Käsemasse salzen.
- Ab dem Zeitpunkt, wenn das ganze Salz auf dem Käse ist, für 24 Stunden trocknen lassen, dabei 4 mal wenden.
- Dann kommt der Käse in den Reiferaum und wird bei 12 °C und 85-90 % Luftfeuchte mindestens 5 Monate gereift.
- Ab dem ersten Reifetag, den Käse eine Woche lang, alle 2 Tage mit der ersten Lake einschmieren und wenden.
- Ab der zweiten Woche schmieren Sie den Käse alle 2 Tage, mit der Lake, die nur Rotschmiere-Kulturen und Salz enthält. Den Käse danach jedes Mal wenden.
- Der Käse wird solange geschmiert, bis sich die Rotschmiere gebildet hat. Das dauert im Regelfall 2 Wochen.
- Sobald der Käse eine schöne orange Farbe bekommen hat, kann man mit dem Abwaschen auch aufhören. Falls sich danach noch weißer Schimmel bilden sollte, kann dieser darauf gelassen werden.
- Den Käse im ersten Monat der Reife alle 2 Tage wenden, danach einmal in der Woche.
- Je länger der Käse reift, umso geschmackvoller wird er.

Vor dem Verpacken den Käse gut abwaschen und trocknen lassen.

Pasta Filata Käse

Das sind die Käse, die eine leicht gummige/zähe Konsistenz haben. Der bekannteste ist der Mozzarella. Er wird in Salzlake gereift.

Natürlicher Mozzarella:

Zutaten:

- 10 Liter Kuhmilch.
- Starterkultur: Thermophile Kulturen nach Herstellerangaben oder 100 g aktiven Joghurt.
- Wenn keine Rohmilch verwendet wird, gesättigtes Calcium-chlorid oder Chlorcalcium nach den Angaben des Herstellers.
- Die normale Labmenge laut Hersteller, in 50 g Wasser gelöst.
- 40 g Salz für die Lake.
- Weichkäseformen mit Durchmesser 8 cm, Höhe 5 cm.

Herstellung:

- Am Vortag oder zu Beginn einen Eisklumpen herstellen. Dazu einen Gefrierbeutel mit 0,5 Liter Wasser füllen und am besten zusammen mit einem Topf in den Tiefkühler geben.
- Die Milch auf 37 °C erwärmen.
- Die Starterkultur zugeben und 1 Stunde ruhen lassen oder bis 6,5 pH erreicht ist.
- Die Milch wieder auf 37 °C erwärmen, dann das Lab und bei pasteurisierter Milch noch das Calcium untermischen.
- Die Temperatur auf 37 °C halten und die Milch abgedeckt 45 Minuten ruhen lassen.
- Die Gallerte auf Festigkeit prüfen (Fingertest Seite 32).
- Den Bruch in 2-3 cm große Würfel schneiden.
- Den Bruch 15 Minuten lang sanft umrühren oder bis 6,4 pH.
- Falls erforderlich, den Bruch nochmal nachschneiden.
- Nun 30 Minuten sanft rühren.
- Den Bruch nach unten drücken und 5 Minuten ruhen lassen.
- Den Bruch auf die Größe der Käseformen zuschneiden und in die Formen füllen.
- Die Molke im selben Raum wie den Käse aufbewahren.

- 12 Stunden abtropfen lassen, dabei 4 mal wenden.
- Den pH-Wert messen, er muss unbedingt einen Wert von 5,3 oder weniger haben. Falls der pH-Wert noch höher ist, so lange warten, bis er den Wert von 5,3 erreicht hat.
- Eine Lake aus 2 Liter der Molke und 40 g Salz herstellen. Diese kommt nun, zusammen mit dem Eisklumpen, in den gekühlten Topf. Der Eisklumpen bleibt in der Tüte, denn sonst würde das schmelzende Wasser den pH-Wert der Lake verändern.
- 5 Liter Wasser auf 65-90 °C erhitzen. Je heißer das Wasser ist, umso zäher wird später der Käse.
- Den Käse ins Wasserbad geben und darin erwärmen, bis sich der Käse gut ziehen lässt. Je nach Käseform und Temperatur dauert das 5-10 Minuten.
- Den Käse mit einer Schöpfkelle aus dem Wasser nehmen.
- In alle Richtungen ziehen, bis der Teig hauchdünn ist.
- Zusammenrollen und zu einer Kugel formen.
- Die Kugeln ins heiße Wasserbad geben, damit sich der Käse verschließt.
- Die Kugeln dann in der gekühlten Lake abkühlen lassen.
- Der Käse kann direkt verzehrt werden, der Salzgehalt ist dann aber noch sehr niedrig. Erst nach 12-24 Stunden hat sich der richtige Salzgehalt eingestellt. Der Käse ist in der Lake, im Kühlschrank, bei 2-7 °C eine Woche lang lagerfähig.

Gereifter Mozzarella (Pasta Filata Käse):

- Den fertigen Mozzarella in der Lake abkühlen lassen.
- 24 Stunden oberflächlich trocknen lassen.
- Dann mit 20 g Salz je kg Käsemasse salzen.
- Weitere 24 Stunden trocknen lassen.
- Dann bei 13 °C und 80 % Feuchte, je nach Gewicht, 2-6 Wochen reifen lassen. Dabei alle 2 Tage wenden.
- Falls sich Schimmel bildet, die Feuchte auf 75 % reduzieren und mit einer Salzlake (100 g Salz je Liter) abwaschen.
- Man kann den Käse auch 2-3 mal räuchern, um ihn zu würzen und ihn vor Schimmel zu schützen.

Schneller Mozzarella (Pasta Filata Käse):

Zutaten:

- 10 Liter Kuhmilch.
- Wenn keine Rohmilch verwendet wird, gesättigtes Calciumchlorid oder Chlorcalcium nach den Angaben des Herstellers.
- Die normale Labmenge laut Hersteller, in 50 g Wasser gelöst.
- 300 g frischer Zitronensaft oder 150 g Essig. Den Essig schmeckt man später eher, daher ist Zitronensaft die bessere Wahl.
- 1 Liter kaltes Wasser zum Verdünnen der Säure.
- 40 g Salz für die Lake.
- PH-Wert Messstreifen zur Einstellung des Säuregrades.

Herstellung:

- Am Vortag einen Eisklumpen herstellen. Dazu einen Gefrierbeutel mit 0,5 Liter Wasser füllen und am besten zusammen mit einem Topf in den Tiefkühler geben.
- Die Milch auf Kühlschranktemperatur bringen.
- Den Zitronensaft oder den Essig mit 1 Liter Wasser verdünnen.
- Falls keine Rohmilch verwendet wird, das Calcium in die Milch mischen.
- Unter starkem Rühren den Zitronensaft oder den Essig in die Milch geben, bis ein pH-Wert von 5,3 erreicht ist. Den Wert mit den pH-Wert Messstreifen prüfen. Eine exakte Mengenangabe für die Säurezugabe ist nicht möglich, da Essig oder Zitronensaft nicht immer denselben Säuregrad haben.
- Die Milch langsam auf 33 °C erwärmen, dabei tüchtig rühren.
- Die Wärmezufuhr abstellen.

- Das Lab zugeben und die Milch ruhen lassen.
- Die Gallerte bildet sich nun sehr schnell.
- Nach 10 Minuten die Festigkeit der Gallerte prüfen (Fingertest Seite 32).
- Wenn sie bereits fertig ist, den Bruch herstellen, ansonsten weitere 5 Minuten warten.
- Die Gallerte in 2 cm große Würfel schneiden.
- Den Bruch sanft rühren, bis er die Festigkeit wie das Weiße von einem 3-Minuten-Ei hat. Das dauert etwa 15 Minuten.
- Die Molke abgießen und aufbewahren.
- Den Bruch zum Abtropfen in ein Sieb geben.
- 30 Minuten abtropfen lassen, dabei den Bruch mehrfach wenden.
- Eine Lake aus 2 Liter Molke und 40 g Salz herstellen. Diese kommt nun, zusammen mit dem Eisklumpen, in den gekühlten Topf. Der Eisklumpen bleibt in der Tüte, denn sonst würde das schmelzende Wasser den pH-Wert der Lake verändern.
- 5 Liter Wasser auf 65-90 °C erhitzen. Je heißer das Wasser, umso zäher wird später der Käse.
- Den Bruch auf die typische Größe von Mozzarella zuschneiden.
- Diese Stücke ins Wasserbad geben. Je nach Form und Temperatur für 5-10 Minuten. Sie bleiben solange darin, bis sich der Käse gut ziehen lässt.
- Den Käse mit einer Schöpfkelle aus dem Wasser nehmen.
- In alle Richtungen ziehen, bis der Teig hauchdünn ist.
- Dann zusammenrollen und zu einer Kugel formen.
- Die Kugeln kurz ins heiße Wasserbad geben, damit sich der Käse verschließt.
- Die Kugeln mit einer Schöpfkelle aus dem Wasserbad nehmen und in der gekühlten Lake abkühlen lassen.
- Der Käse kann direkt verzehrt werden, der Salzgehalt ist dann allerdings noch recht niedrig. Erst nach 12-24 Stunden hat sich der richtige Salzgehalt eingestellt.
- Der Käse ist in der Lake, im Kühlschrank, bei 2-7 °C eine Woche lang lagerfähig.

Kochkäse

Paneer der Brat- und Grillkäse:

Zutaten für markanten/deftigen Geschmack:

- 10 Liter Kuhmilch.
- 300 g hellen Essig. Dosierung nach Bedarf.

Zutaten für die fruchtig saure Note:

- 10 Liter Kuhmilch.
- 500 g frischer Zitronensaft. Dosierung nach Bedarf.

Zutaten für milchsauren/sanften Geschmack:

- 10 Liter Kuhmilch
- Milch-Kefir oder Joghurt oder Butter- oder Sauermilch Menge je nach Bedarf. Es hat sich bewährt, den Kefir mindestens 2 Tage säuern zu lassen. Dann die Knollen herausfiltern und von diesem dicken Kefir 10% der Milchmenge zum Säuern zu verwenden.

- Hartkäseform Durchmesser 15 cm.
- Käsetuch.
- Auf Wunsch 5-20 g Salz je kg Käsemasse
- Wenn erwünscht, zusätzlich 1-10 g Gewürze/Kräuter.

Herstellung:

- Die Milch unter ständigem Rühren auf rund 93 °C erwärmen.
- Die Wärmezufuhr reduzieren, dann unter ständigem Rühren, die saure Flüssigkeit sanft untermischen. Geben Sie von der sauren Flüssigkeit so wenig wie möglich und nur so viel zu, bis es flockt/die Milch gerinnt. Die benötigte Menge variiert, bedingt durch den Säuretyp, die Milchart und deren Qualität enorm.
- Die Wärmezufuhr erhöhen und einmal aufkochen lassen.
- Die Wärmezufuhr stoppen und den Bruch für 5 Minuten ruhen lassen. Je länger er ruht, umso fester wird der Käse.
- Die Käseform mit einem Käsetuch auslegen und den Bruch mit einer Schaumkelle hineinschöpfen.
- Falls der Käse gesalzen werden soll, den Bruch etwas abtropfen lassen, wiegen und nach Belieben, mit 5-20 g Salz je kg Bruchmasse vermengen. Es können nun auch Kräuter nach Wunsch eingearbeitet werden. Wenn der warme Bruch gesalzen wird, bekommt der Käse später eine eher krümelige Konsistenz. Wird er erst im festen und erkalteten Zustand äußerlich gesalzen, ist seine Konsistenz später fester.
- Das Käsetuch über den Käse falten, dann mit einem Deckel bedecken und pressen.
- Je nachdem, wie fest oder weich der Käse später sein soll, variiert das Gewicht von 1 kg für weichen Käse, bis zu 9 kg für festen Käse.
- Aber nicht sofort mit 9 kg beschweren, sondern in 5 Schritten erhöhen. Dazu wenden Sie den Bruch alle 5 Minuten und erhöhen dann jeweils um 2 kg Gewicht. Als Gewicht eignet sich die noch warme Molke besonders gut.
- Wenn der Käse abgekühlt ist, das Gewicht herunternehmen.
- Der Käse kann direkt gegessen werden.

Diesen Käse kann man sehr gut braten und grillen. Er behält dabei seine Form und wird schön knusprig.

Im Kühlschrank gelagert hält er sich rund 1 Woche.

Er kann aber auch eingefroren und portionsweise vor dem Verzehr aufgetaut werden. Er verliert dabei nicht an Qualität.

Ricotta (Kochkäse):

Herstellung:

- Molke **(aber nicht von Joghurt- oder von rein milchsaueren Käse)** unter ständigem Rühren erwärmen, bis sie leicht köchelt.
- Beim Rühren darauf achten, dass man von unten nach oben rührt, als ob man die Flüssigkeit nach oben heben wollte. Rührt man im Kreis, bildet sich ein Strudel, der die ganzen Partikel vom vorherigen Bruch in der Mitte zusammentreibt, welche dann dort am Boden anbrennen. Auch das Rühren in der Form einer 8 verhindert das Anbrennen der Molke.
- Dann die Wärmezufuhr stoppen und ca. 1 Stunde stehen lassen.
- Den Ricotta mit einer Schöpfkelle die Löcher hat, in die Formen füllen und abtropfen lassen. Verarbeitet man den Ricotta direkt nach dem Käsen und erhitzt ihn nicht zu stark, wird er süß und cremig.
- Mehr Hitze macht ihn fester und trockener. Lässt man die Molke nach dem Käsen über Nacht stehen, wird sie saurer und der Ricotta wird dann auch etwas säuerlich.
- Man kann den Ricotta auch salzen, um ihn besser lagern zu können. Dazu den Ricotta länger und stärker erwärmen, damit er fester wird. Genaue Werte sind leider nicht möglich, da durch die Milchart bedingt, sehr große Schwankungen vorhanden sind.
- Die Käsemasse in Formen geben und so lange abtropfen lassen, bis der Molkefluss nachgelassen hat. Der Ricotta wird dann, im noch warmen Zustand, in eine Schüssel gegeben und abgewogen. Je kg Masse mit 20 g Salz vermengen und wieder in die Form geben.
- Die Form beschweren, aber nur mit soviel Gewicht, dass kein Ricotta durch die Löcher gedrückt wird. Je länger er steht, umso höher darf das Gewicht sein. Auf diese Weise wird er trocken und „fest". Aber richtig fest wird er nie. Er hat immer eine streichbare/krümelige Konsistenz.

Mögliche Fehler bei der Käseherstellung

Fehler bei Sauermilchkäse

Sehr weiche Gallerte: Zu geringer Eiweißgehalt der Milch, Temperatur zu gering, Calcium wurde vergessen, zu stark gerührt. Sauermilch- oder Joghurtkultur war nicht natürlich/aktiv.
Korrektur: Auf die richtige Temperatur achten. Der Milch Calcium zugeben. Darauf achten, dass im Joghurt kein Verdickungsmittel enthalten ist, nur natürlichen Joghurt oder reine Joghurtkulturen verwenden. Aktive Sauermilch verwenden.

Der Bruch ist grießig: Die Milch wurde zu hoch erhitzt.
Korrektur: Auf die richtige Verarbeitungstemperatur achten.

Der Käse schmeckt sehr sauer: Zu hohe Temperatur beim Säuern. Die Starterkulturmenge war zu hoch. Der Bruch wurde zu lange warm gelagert.
Korrektur: Auf alle Temperaturen achten. Die Starterkulturmenge reduzieren.

Der Käse oder die Lake ist schleimig und zieht Fäden: Die Milch wurde von schleimbildenden Mikroorganismen eingenommen oder Milchsäurebakterien sind degeneriert.
Korrektur: Bei den Gerätschaften und den Gefäßen besser auf die Hygiene achten. Die Säuerungskultur durch eine neue ersetzen.

Fehler bei Labkäse

Der Käse ist sehr fest und trocken: Zu wenig Flüssigkeit durch zu viel Lab, zu hohe Temperaturen, zu starkes Pressen, zu langes Nacherwärmen.
Korrektur: Die Labmenge laut Hersteller beachten, Temperatur beachten, Bruchgröße beachten, Zeit nach der Bruchherstellung beachten, Pressdauer und Gewicht beachten.

Der Käse ist sehr feucht/nässt nach:
Zu wenig Lab, Temperaturen zu niedrig, zu wenig stark gepresst, Säuerung zu schwach, dadurch verzögertes Entmolken.
Korrektur: Labmenge laut Hersteller beachten, Temperatur beachten, Pressdauer und Gewicht beachten, Zeit und Temperatur vor und nach der Bruchherstellung beachten, Bruchgröße beachten.

Bitterer Geschmack:
Zu viel Lab oder schlechte Säuerung.
Korrektur: Korrekte Labmenge beachten, Säuerungskultur ersetzen, auf die Temperaturen achten.

Süßlicher Geschmack: mangelnde Säure.
Korrektur: Die Temperatur beachten, andere Säuerungskultur verwenden.

Der Bruch zerfällt beim Rühren: Die Gallerte war zu weich. Die Milchqualität war zu gering.
Korrektur: Calcium zugeben, Temperatur erhöhen, sanfter rühren, Milch mit besserer Qualität verwenden.

Viele kleine Löcher im Käse: Infektion durch E. Coli.
Korrektur: Andere Milch verwenden.

Der Käse ist sehr zäh: Zu hoher pH-Wert durch zu starkes Auswaschen.
Korrektur: Bruch weniger stark auswaschen durch weniger Molkeabzug und weniger Wasserzugabe.

Der Käse bläht sich auf: unerwünschte Gasbildung durch fremde oder falsche Kulturen oder Clostridien in der Milch.
Korrektur: Frischere saubere Milch verwenden, andere Kulturart verwenden.

Der Käse schmeckt zu sauer: Zu niederer pH-Wert, die Säuerung war zu stark.
Korrektur: Die Kulturmenge beachten, Säuerungstemperatur oder Säuerungszeit senken.

Der Käse hat feste Stellen im Teig: Der Bruch klumpte im Topf, Molkeneinschlüsse.
Korrektur: Den Bruch öfter rühren.

Feta schwimmt in der Salzlake: Im Käse werden Gase gebildet.
Korrektur: Frischere oder reinere Milch verwenden. Starterkultur wechseln. Milch vor der Verarbeitung pasteurisieren.

Mozzarella lässt sich schlecht ziehen: Temperatur zu gering oder zu kurz im Wasserbad gewesen.
Korrektur: Temperatur erhöhen und den Käse länger erwärmen.

Mozzarella zieht schlecht Fäden bzw. fällt auseinander: Der Käsebruch wurde zu wenig gesäuert/der pH-Wert war zu hoch.
Korrektur: Achten Sie auf den korrekten pH-Wert.

Mozzarella ist beim Ziehen schwammig: Der Käsebruch wurde zu stark erhitzt.
Korrektur: Temperatur verringern oder weniger lange im Wasserbad erwärmen.

Es ergibt sich kein fester Käse, die Bruchkörner halten nicht zusammen: Der Bruch war beim Befüllen und Pressen des Käses zu kalt. Der Pressdruck war zu gering. Die Milch war zu sauer.
Korrektur: Auf die Verarbeitungstemperatur achten, Käse mit mehr Gewicht pressen und dabei wärmer halten. Säuerungszeit und Menge der Säuerungskultur beachten. Eventuell die Zeit der Säuerung zurücknehmen. Die Menge der Starterkultur beachten, eventuell verringern.

Bruchkörner fallen auseinander: Beim Nachwärmen wurde die Temperatur zu schnell erhöht.
Korrektur: Achten Sie darauf, dass Sie pro Grad Celsius 1 Minute Zeit brauchen.

Ricotta entmolkt nicht: Falsche Molke verwendet.
Korrektur: Verwenden Sie nur reine Milch oder die Molke von Labkäsen.

Der Weißschimmel bekommt eine gelbliche Farbe:
Vorsicht: Wenn der Käse nicht korrekt gesalzen wurde, könnte es sich um gelben Schimmel handeln. **Dieser ist giftig!** Entsorgen Sie den Käse. Wenn das Gelbe nur als Farbstich auf der Käseoberfläche bleibt, ist alles Ok und es handelt sich nur um Hefen. Im Regelfall war der Käse zu feucht, er wurde von Hefe eingenommen (ist aber essbar). **Wenn aber das Gelbe wächst, dann ist es Gelbschimmel.**

Korrektur: Weniger feucht abwaschen und Luftfeuchte beachten. Auf die Salzmenge achten.

Der Käse bildet keinen weißen Edelschimmel: Temperatur zu gering, Kulturen schlecht, der Salzgehalt zu hoch.
Korrektur: Rohmilch verwenden, oder frische Weißschimmel Kulturen verwenden. Salzgehalt einhalten und beim Reifen auf die Temperatur achten.

Der Schimmel (egal ob weiß oder blau-grün) des Käses löst sich vom Käse ab: Der Käse säuerte nach, was zu Feuchtigkeit an der Oberfläche führt.
Korrektur: Achten Sie auf eine gute Säuerung und dass der Käse oberflächlich trocken ist, bevor der Käse in den Reiferaum kommt.

Anstelle von Weißschimmel bildet sich eine Schmierrinde: Der Käse wurde zu feucht gelagert oder zu lange abgewaschen.
Korrektur: Käse weniger feucht abwaschen und auf die Zeit achten. Luftfeuchte im Reiferaum beachten, eventuell absenken.

Anstelle von Weißschimmel bildet sich blau-grüner Schimmel: Die Temperatur im Reiferaum war zu niedrig, zu wenig hygienisch gearbeitet, der Käse wurde nicht gut genug abgewaschen.
Korrektur: Temperatur beachten und eventuell erhöhen. Den Käse stärker abwaschen. Handschuhe tragen, die zuvor gründlich gereinigt wurden.

Anstelle von Weiß oder blau-grün Schimmel bildet sich schwarzer oder auch anders farbiger Schimmel: Der Käse wurde zu wenig gesalzen. Der Käse war zu feucht.
Korrektur: Achten Sie auf die Salzmenge von 20 g Salz je kg Käsemasse. Immer gut trocknen lassen.

Bei Käsen mit innerer Reife durch Penicillium roqueforti bilden sich die blau-grünen Adern nicht: Der Bruch wurde nicht ausreichend mit Kulturen versetzt. Der Käseteig wurde nicht ausreichend gesäuert und getrocknet, bevor er in die Form kam. Die Löcher im Käse haben sich wieder verschlossen oder wurden bei der Oberflächenpflege zugeschmiert.
Korrektur: Kultur in die Milch geben. Luftlöcher mit einem stumpfen Stab machen. Bei der Pflege besser auf die Löcher achten. Den Bruch ausreichend säuern lassen und gut entmolken, bevor er in die Form kommt.

Schmierrindenkäse bekommt blau-grünen Schimmel: Der Käse wurde zu kühl gereift und zu wenig abgewaschen.
Korrektur: Temperatur überprüfen und eventuell erhöhen. Öfter und besser Abwaschen.

Schmierrinde wird nicht orange: Der Käse wurde mit zu wenig Salz abgerieben, zu wenig Schmierrindekulturen. Die Oberfläche ist zu trocken oder die Luftfeuchte zu niedrig. Zu sanft geschmiert.
Korrektur: Die Luftfeuchte überprüfen. Den Käse häufiger und mit der richtigen Salzmenge abwaschen. Kulturmenge des Herstellers beachten. Den Käse kräftiger schrubben, es sollte sich Abrieb bilden.

"Käse selber machen"

ISBN: 978-3-9818939-2-2

Herausgeber und Verlag:
Gebrüder Frech
Bubsheimerstrasse 7
78592 Egesheim
www.Käse-selber-machen.de

Weitere Ratgeber und Informationen zum Thema Selbermachen:

Dieser Ratgeber wurde mit größtmöglicher Sorgfalt erstellt, dennoch kann keine Garantie für Vollständigkeit und Fehlerfreiheit der Angaben gegeben und keine Haftung übernommen werden.